羊羊得意財神到

全臺好神行腳誌

（⋯⋯）在手，財運滾滾！
（⋯⋯）好？
（⋯⋯）嚀所有拜拜秘笈
心誠則靈，擺脫今年不順遂
羊羊得意，讓你求財、求運，有求必應！

輕旅行節目主持人 張天傑 著

紫南宮主任委員 莊秋安 推薦

耆臺蘇董事長 辜惺群 推薦

目次

北部財神廟

中部財神廟

南部財神廟

拜出台灣精神，走出好財運

新的一年慎思方向，求神拜佛得指示，不失為良策。

隨著「輕旅行」，這一年來走訪了許多香火鼎盛的廟宇，許多都和財神有關。其中，除了有機會可以深度了解每間廟宇背後那些引人入勝的故事外，更看到台灣人信仰的虔誠，台灣人的可愛。

逢年過節，最常掛在嘴邊的話，便是「恭禧發財」了，從這一句祝福話，我們就不難看出，財神在中國人的傳統信仰裡，佔有多重要的地位。

對岸歷經文革，許多廟宇、神像和傳統習俗已經不復留存，但是在台灣，這些民間的信仰與習俗，卻仍然完整的保留下來，甚至益發精萃。常常在廟宇中碰到陸客團，他們都會為台灣廟宇的巧奪天工，以及一則則令人嘖嘖稱奇的神蹟故事，露出嘆為觀止的表情，其實畫腐朽為神奇的逆轉勝，就是最道地的台灣精神，也是台灣的重要資產。

沒去過福安宮，不知道一間土地公廟，居然能這麼宏偉；沒去過紫南宮，不知道什麼叫做香火鼎盛，還帶動周邊的商家興盛繁榮，甚至建造了七星級聞名的洗手間……

大環境不景氣之下，過得最辛苦的就屬小老百姓了，但每個人心底希望賺錢的想法不會改變。財神信仰，給了人們一個無限可能的寄望！其實在背後還有更重要的一層寓意，凡事都得腳踏實地，把自己該做的、能做的，盡全力做好，之後的事，就交給上天去決定吧！

全台灣有許多著名的財神廟以及必拜不可的廟宇，其實不在於如何拜、怎麼拜，只要心誠則靈，無路不通。尤其現在高鐵如此便利，從台北到高雄只要一個半小時，到哪裡都方便。所以可以趁著新春假期安排好行程，立馬出發，坐著高鐵，把全台財神廟拜上一回，祈求新的馬年，事事平安順心、福氣滿盈！

張天傑，知名模特兒
輕旅行節目主持人
喜歡帶領大家一起上山下海玩遍世界

吉祥如意，富貴平安——
十大超人氣福廟

十大超人氣福廟 1

高雄佛陀紀念館

不可錯過的宗教重心

※南部宗教重心

無論是觀光遊客，或是有虔誠信仰的進香團客，到台灣南部，肯定不會錯過有著南部宗教重心之稱的佛陀紀念館，它是所有民眾必經的口袋名單之一。

相傳在一九九八年，星雲大師到印度菩提伽耶傳授國際三壇大戒，當時西藏喇嘛貢噶多傑仁波切（Kunga Dorje Rinpoche）為感念佛光山長期促進世界佛教漢藏文化交流，因而設立中華漢藏文化協會，並舉辦世界佛教顯密會議與創立國際佛光會等，為表達感恩之意，更贈予護藏近三十年的佛牙舍利，希望佛光山能於台灣建館供奉之，因此位於高雄的佛陀紀念館，與同樣位於高雄的佛光山有著頗深淵源，如今佛陀紀念館也因而誕生。

※世界級台灣製佛像

一看見矗立在紀念館上方的地標「佛光大佛」，就知道佛陀紀念館到了。

佛陀紀念塔整體建築呈現「前有八塔，後有大佛，南有靈山，北有祇園」的格局，「佛光大佛」右手比蓮花指、左手結接引印，面帶微笑，尊容圓潤飽滿，不論工法或藝術性都是傲世之作。

這座超級巨大的「佛光大佛」基座高度共一百零八公尺，相當於三十六層樓高，創下好幾個「世界之最」的紀錄——世界最高坐佛像、施作工期最短、結構及材質由台灣自行研發。

塔座建築呈現「覆缽式塔身」的特殊設計，除了本館外基座還有四座隅立的四聖塔，這四座聖塔最特別之處，是在塔身上有壁龕浮雕的圖案，塔內更各自設有菩薩的造像，紀念館除了有供奉西藏喇嘛贈與的佛牙舍利外，還設有可以容納兩千餘人集會的大覺堂

與多功能的展示空間。

※此生必到的勝地

佛陀紀念館外頭的菩提廣場，有著能夠容納三萬人的活動場地，但廣場中最具亮點的，還是在廣場兩側廊道壁面的「佛陀行化圖」，以及星雲法師撰寫的「讚佛偈」。

而在迴廊外廣場上的十八尊羅漢圓雕，更是來這拜佛觀光必到的景點之一，而其中更特別的是，廣場前方設計了可容納萬人的照相台，總數三十七街的樓梯，象徵著三十七品道。在格局上「前有八塔」顧名思義正是指八座不同功能的高塔，這八座塔還有個特別意義，就是象徵著佛教的基本教義「八正道」。「後有大佛」則是指位於主館後方，可說是佛陀紀念館地標，這尊大佛高達一百零八公尺，是世界上目前最高的青銅佛像。而最後「北有祉園」則是指在本館右方，提供民眾散步的公園。

除了基本建築的四大特色外，在佛陀紀念館的藝文建築也是不遑多讓，在禮敬大廳門前的兩座獅象雕像群：「乘象誕生、獅子吼聲」，是為了紀念佛陀乘白象入胎降誕，以及佛陀說法通稱「獅子吼」的緣故。而在八塔長廊圍牆壁面上包括七十二幅以畫說法的「護生畫集」，以及十四幅《佛光菜根譚》歇語，共計八十六幅「護生圖」，除了宣揚護生觀念與佛陀的愛生慈悲外，在藝術上的價值更是無法言喻。

※女性也是一條好漢

最後位於本館前最引人注目的，莫過於菩提廣場兩側上的十八羅漢尊像。

與一般常見十八羅漢不同的地方是，這組造象是以佛陀的十大弟子為主，加入了《阿彌陀經》諸羅漢，以及中國佛教常見的降龍羅漢以及伏虎羅漢，但其中最特別的還是蓮華比丘尼、大愛比丘尼以及妙賢比丘尼三位尊者，據說是因為佛光山的創建者星雲法師，有鑑於比丘尼也對於佛教有諸多貢獻，便把這三位女尊者納入了羅漢之列，藉以彰顯佛教的平等觀。

在哪裡拜

地 高雄市大樹區統嶺里統嶺路 1 號

電 07-656-3033#4002

時 每天 9：00—19：00

交 大衆運輸／

搭乘台鐵、汽車或飛機者，可在高雄火車站附近轉高雄客運往旗山、美濃、甲仙、六龜等（有經佛光山路線）皆可搭乘；或搭乘台鐵至九曲堂站，再轉搭高雄客運或計程車至 佛陀紀念館。搭乘高鐵者，於左營高鐵站轉乘台鐵至九曲堂站，再轉搭高雄客運或計程車至佛陀紀念館。

開車／

南下：國道 1 號（新市路段）→國道 8 號→國道 3 號（中寮隧道）→國道 10 號（往旗山、大樹方向）的旗山、大樹交流道下→省道 21 號右轉→佛陀紀念館。

北上：高雄中山、中正、九如交流道上國道 1 號→鼎金交流道上國道 10 號、國道 10 號（往旗山、大樹方向）的旗山、大樹交流道下→省道 21 號右轉→佛陀紀念館。

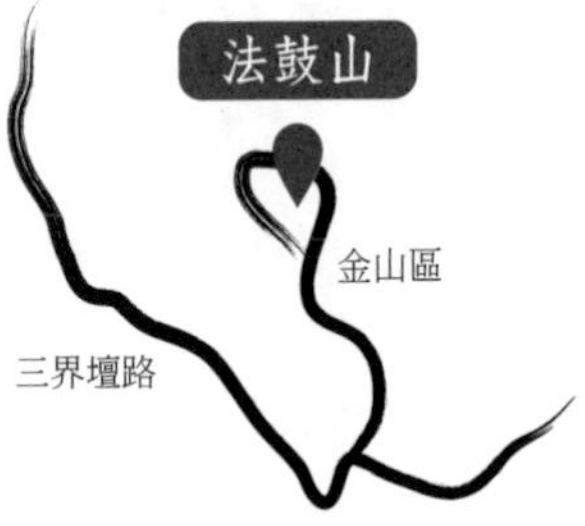

十大超人氣福廟 ❷ 主祀【清水祖師】

三峽清水祖師廟

※祖師爺顯靈

清水祖師爺聲名遠播，留下許多神明顯靈的傳說，只是說也奇怪，若仔細觀察各神像，各個臉色發黑，又有「落鼻祖師」、「黑面祖師」的稱號，到底祖師爺是真有其人？其中又有什麼分別？

清水祖師，原本是北宋時期在福建安溪的有道高增，法名普足，本名陳昭應，相傳他祖上衛國帶軍有功，獲廣大封地，其崇信佛教，以忠孝報國為家訓。

宋朝內憂外患不斷，蒙古、金人入侵騷擾，他追隨忠臣文天祥，英勇抗敵，失敗後，改裝僧侶，在閩南地區活動，組織義軍，宣揚反抗異族精神。民間的抵抗行動，最後也是失敗收場，他潛回故里，叮囑後代子孫：「我華夏自宋以來，多受異族侵凌，鐵蹄蹂躪，不能復國。今我老矣，你等世世宜守吾言，雪恥抱國仇以安我漢族。」

後代子孫尊崇家訓，跟隨朱元璋滅元，掃除異族恢復漢室，明太祖朱元璋為感念其家訓對建國有功，敕封為「護國公」，並於福建省安溪縣清水巖建立祠堂祭祀，因此安溪人尊稱為祖師公，因為他生前隱居於清水巖，故稱清水祖師，祠曰「祖師廟」。

隨著安溪移民來台，祖師爺信仰也在台灣蓬勃發展，留下不少神蹟傳說。相傳原萬華祖師廟的神像，只要遇到天災人禍，或疫病流行的前夕，神像的鼻子就會掉下來（也有人說是塌陷），警告世人，人稱「落鼻祖師」。後來爆發中法戰爭，淡水人為了打勝仗，特別請來祖師爺神像保佑，把敵軍擊潰。戰爭結束後，淡水地區居民希望留下這尊法力無邊的祖師爺神像，竟拒絕歸還神像，萬華居民只好另刻一尊神像，現在淡水祖師廟中，仍供奉著這座神威顯赫的落鼻祖師。

祖師爺法力高強，據說為了保家衛國，四大護法曾與惡鬼相鬥，被煙火連燻七天七夜，燻到臉色漆黑如鐵，終於降伏惡鬼，成為祖師爺旗下張、黃、蘇、李四大將軍，所以現在大部分的祖師爺神像，臉部顏色都成黑色，又稱「黑面祖師」。

※賽神豬，賀誕辰

每年農曆正月初六為祖師爺聖誕，依照習俗，當地居民舉辦「賽神豬」活動為祖師爺慶賀，已有三百多年的歷史，先前是由劉、陳、林、李、王、中莊雜姓，及大雜姓等七股信眾，輪值宰殺神豬為清水祖師公賀壽，後來逐漸發展為「神豬祭典」，與祖師爺誕辰信仰結合，也藉此憑弔清代北臺灣地區各類械鬥，或因貧病死亡之無主孤魂。

祭典時，養豬人家比一比誰養的豬最肥、最大，就有資格成為供奉祖師爺的「神豬」，並依重量分獎等：壹等、貳等、參等……配合遶境陣頭，神明出巡，

相當熱鬧，活動也每每吸引眾多人潮，從外縣市趕來，想一睹「神豬」風采。

其他身上插著「刀」或「香」的豬隻，則是用來祭祀山靈和亡靈；而今年的神豬就重達一千六百三十六台斤，相當驚人！

※中華藝術顛峰

廟宇，除了是信仰中心，更是中華藝術的表現，在祭拜神明保佑平安之外，更要好好體驗一下傳統藝術之美。

當年安溪移民來台時，為求神明庇佑，一同恭迎福建安溪的守護神——清水祖師爺遷徙來台，於三峽地區建廟奉祀。因祖師爺靈驗顯赫，逐漸成為三峽的信仰與社會活動重心。三峽清水祖師廟以兩項特色出名，其一為前文「賽神豬」祭典，其二則是廟宇建築的藝術價值，有著「東方藝術殿堂」的美名。

三峽祖師廟創建於清乾隆年間，歷經多次重建，特別的是，藝術家李梅樹先生曾受邀設計規劃，正殿的兩座銅雕獅子，便是由李梅樹指導學生完成，據說觸摸銅獅頭頂及鬚尾，會為人們帶來好運，現在獅頭已被遊客磨得閃閃發亮。

遊客們進到廟宇內，也別忘了抬起頭觀察，屋頂與屋簷下金碧輝煌的樑架，琳琅滿目，上頭泛著閃閃發亮的金黃色澤，一般人可能誤以為只是油漆塗刷，但事實上那是用又薄又小的金箔，逐一貼滿，炫目耀眼，美不勝收。

另外，祖師廟裡的大小藻井多不勝數，也是一項重點特色，例如正殿中的藻井利用奇特的迴旋式，造成一種微妙的動感，先是八角形的「井」字，再向上延伸成圓形，內層的「斗」也是從圓形逐漸變成菱形，設計極為巧妙。

李梅樹先生具有深厚的西畫素養，在祖師廟裡能看見許多西洋藝術的影子。例如龍柱的頂端，刻有希臘神殿柱頭常見的樹葉圖案，展現中西合璧的不凡藝術，再加上壁柱上繁複細膩的精緻雕刻，皆是出自國寶級師傅之手的石雕、石刻，處處皆可見大師經典之作，成就了三峽清水祖師廟今日的樣貌。

在哪裡拜

地 新北市三峽區長福街 1 號
電 02-2671-1031
時 每天 04：00—22：00

交 大眾運輸／
公車：藍 19、275、702、703、705、706、812、908、910、三峽－新店（台北客運）圓環－三峽、802（首都客運）

開車／
國道三號高速公路→三鶯交流道→三峽或台北→板橋→土城→三峽

十大超人氣福廟❸ 主神【媽祖】

大甲鎮瀾宮

向世界發聲

※監視器眾多的媽祖廟

信眾與監視器，看似無法相容的兩者，卻在大甲鎮瀾宮的年度大事——媽祖遶境中，成奇妙的畫面。

大甲鎮瀾宮原名「天后宮」，創建於清康熙年間，為台灣供奉媽祖的知名廟宇之一，已有兩百多年的歷史。當初是來自福建湄洲的林永興先生，奉湄洲天后宮天上聖母的香火來台，原先只安奉於自家膜拜，二次大戰期間，軍隊朝大甲街上丟了兩顆炸彈，炸毀火車站一帶，另一顆未爆彈落在廟宇旁邊，民間流傳當時鎮殿媽祖的雙手張開，顯靈庇佑居民，擋下砲彈，所幸沒有傷及無辜。

因為相傳非常靈驗，幾乎每個大甲村民都前來參拜，地方人士見此盛況後，徵得林永興先生同意，便遷居到今日所在地，建廟供奉。

今天大家耳熟能詳的「鎮瀾宮」是由於屢次重建擴大下，大甲鎮民以天后能「鎮海安瀾」而改名為「鎮瀾宮」。不論何時來到鎮瀾宮，廟中永遠香火鼎盛、遊客絡繹不絕，成為大家到大甲旅遊時必經的遊覽地之一，也因為信眾與遊客實在太多，不得不安裝多做監視器，確保安全。

每年媽祖遶境，是台灣的大事，西印上萬明尋重參與，還躍上國際版面，最大的特色不是鑽轎等等的習俗，而是「信眾多、香煙多、監視器也多」！

※鎮殿媽祖，護國庇民

大甲媽　大甲媽　大甲媽　大甲媽
信徒誠心興四海　五十三庄媽祖婆
合境平安顧全台　媽祖靈性人人知
風調雨順福氣來　風調雨順福氣來

大甲媽　大甲媽
您的慈悲您的愛　您的慈悲您的愛
保佑子孫萬萬代　保佑子孫萬萬代

這首由蔡振南、洪慶峰所譜寫的《媽祖聖歌》不僅帶有濃濃台灣鄉土味，也帶出民眾對媽祖神靈保佑的感謝之意。

現今鎮瀾宮內供奉著七位媽祖，其中「鎮殿五媽祖」，各自有其傳說故事，並被冠上「大媽坐殿、二媽吃便、三媽愛人扛、四媽鬮尻川、五媽五媽會」的名號。

坐在鎮殿媽前面的是「二媽」，長年鎮守廟中，一般信徒祈求時，焦點容易落在鎮殿媽身上，因此有一說為「二媽享盡人間煙火，卻不需負什麼責任，所以稱『吃便』，也就是撿現成便宜的意思」，相當有趣。而開基媽祖雖然神像較小，但頭戴七條冕旒，身穿明朝服裝，是傳承下來最古老的媽祖。

鎮瀾宮不斷整修擴建，造就現今金碧輝煌的容貌，廟殿內以人物、花鳥、走獸等吉祥圖案，搭配莊嚴的石雕和精緻的木雕，形成金堆銀砌的知名古廟。而乾隆時期留下來的「護國庇民」、「佑濟昭靈」古匾，光緒帝賜的「與天同功」匾額，都是自清朝保留至今的古物，皆懸掛於大甲鎮瀾宮內各個主殿中。

※國際級宗教盛事

台灣特有、名列全世界三大宗教活動之一的「大甲媽祖國際觀光文化節」更是不可錯過的全民盛事，於二〇〇八年七月四日被指定為「國家重要無形文化活動資產」，除了透過媽祖的哨角向世界發聲，打響台灣知名度外，更希望藉此讓台灣大甲成為世界媽祖的信仰中心。

每年農曆三月，大甲媽祖的遶境進香時間，在每年農曆元宵時節擲筊定期，全程八天七夜，來自各地的十餘萬信徒組成聲勢浩大的進香隊伍，以大甲鎮瀾宮為出發點，在八天七夜中徒步至南部來回，區域貫穿中部沿海：台中、彰化、雲林、嘉義四個縣，十五個鄉鎮，六十餘座廟宇，經過廿一個鄉鎮市區，八十餘座廟宇，長途跋涉三百多公里路。進香終點站是北港朝天宮，一九八八年後改至新港奉天宮迄今，分別駐駕彰化南瑤宮、西螺福興宮、新港奉天宮、西螺福興宮、北斗奠安宮、彰化天后宮、清水朝興宮，最後回駕大甲鎮瀾宮。沿途熱鬧莊嚴，所經之處吸引許多民眾圍觀，還有熱心的信徒沿途提供茶水點心，慰勞參與遶境的工作人員，是全國最大的傳統民俗曲藝活動。

據說，鑽過媽祖神轎下會帶來福氣，是每次遶境難得一見的奇景，而媽祖神轎中尚有「敬茶」供信徒索取，由於參與人數眾多，曾有記錄一、二個小時的休息時間就得倒出上萬杯，由此可見媽祖受人景仰的程度。

近年來，為了發揚傳統中華文化，媽祖遶境的活

動擴大成「大甲媽祖國際觀光文化節」，在整個九天八夜的遶境活動中，依照傳統舉行獻敬禮儀，並將往年的八大典禮，擴大為十大典禮：筊筶、豎旗、祈安、上轎、起駕、駐駕、祈福、祝壽、回駕、安座等，每一項典禮都按照古代既定的程序、地點及時間虔誠行禮，讓中華傳統文化禮儀，不僅在國際上發光發熱，也向下深耕，傳承世世代代。

在哪裡拜

地 台中市大甲區順天路 158 號
電 04-2676-3522
時 每天 3：30—23：00

交 大衆運輸／

火車：搭乘火車至大甲火車站，步行約 200 公尺即可到達大甲鎮瀾宮。

客運：①由台北北站搭乘台汽客運往大甲方向至大甲站即可到達大甲鎮瀾宮。②由台中市區搭乘台汽客運往大甲方向之班車至大甲站即可到達大甲鎮瀾宮。③由台中總站搭乘豐原客運大甲方向之班車至大甲總站即可到達大甲鎮瀾宮。

開車／

台 1 線：往大甲鎮方向於省道 150 公里處轉入市區即可到達大甲鎮瀾宮。

國道一號：由后里交流道下，循 132 縣道路（甲后）往大甲方向至大甲後轉中山路即可到達大甲鎮瀾宮。

十大超人氣福廟❹

中台禪寺

主祀【四大天王】

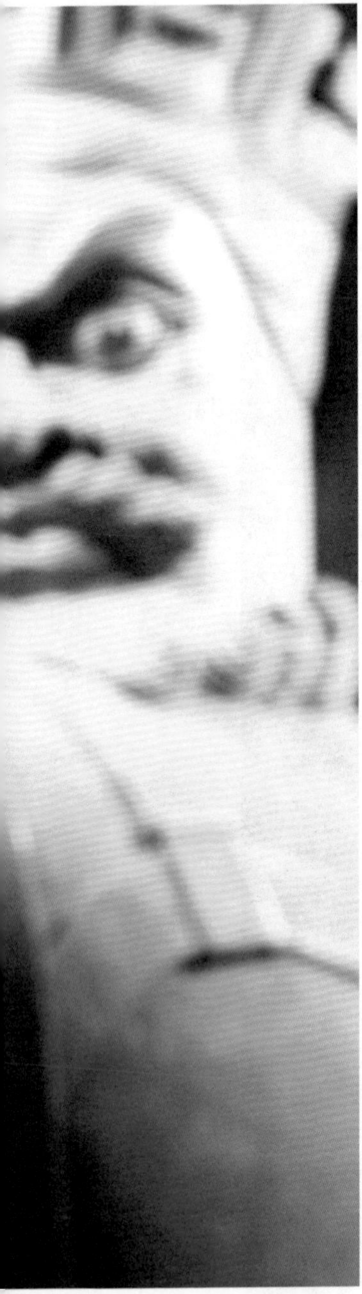

拿金牌的佛教廟宇

※世界級佛教建築

來到南投埔里，絕對不能錯過世界級的中台禪寺，又稱為「中台山」，由惟覺和尚創辦。建築規模世界最大，更是世界第二高的東方佛教建築，由李祖原建築師事務所設計，從一九九〇年開始初期的規劃，經三年的申請、開發、規畫，七年的工程進行及細部設計，耗時十年，完工後獲得「二〇〇二年的台灣建築獎」，贏得佛教廟宇的「世界第一」，可見其建築的巧奪天工絕非一般。

中台禪寺創辦前，並不在現今的中台山教法，而是惟覺和尚因應大眾請託，深感弘揚佛法重任，決定在新北萬里闢建「泉靈寺」，開山以來，皈依的四眾弟子如數驟增，在原有空間不敷使用下，才決定創建中台禪寺，期許以更完整的學佛環境，接引四方大眾。

※四大天王震天威

中台禪寺的四天王殿中祀奉守護佛法的神明，共有四尊佛像，「東方持國天王」、「南方增長天王」、「西方廣目天王」、「北方多聞天王」分別手持象徵風調、雨順、國泰、民安的法器，頂天立地，氣勢雄偉磅礡。

「彌勒菩薩」則供奉在正殿中間，背後有身著冑甲、合掌擎劍的「韋馱菩薩」，四大天王鎮守殿堂四周。大雄寶殿則在中台禪寺主體建築的二樓，是佛教叢林道場中祀奉佛像的正殿，釋迦牟尼佛鎮坐於殿堂中央，侍立在兩旁的「多聞阿難尊者」與「苦行迦葉尊者」則代表著修行的精神。

地藏殿供奉著大願地藏王菩薩，坐於刻著六道圖像的蓮臺，可一窺鬼斧神工的技藝，另外，以噴砂浮雕科技完成、堪稱全台規模最大的「地藏王菩薩本願功德經」，也絕對是來中台禪寺必訪的景點之一。

※鐘響，希望成真

作為知名宗教景點，中台禪寺內有許多值得遊覽之處，除了宏偉的建築、金碧輝煌的設計，庭園造景也令人讚嘆，在此漫步不僅令人心曠神怡，園內還有寺方種植的聳天巨木，對比中台禪寺無法令人一窺全貌的雄偉，真是無處不令人心生敬仰。

步道終點有著一座「光明鐘」，佛法中習慣藉以敲鐘方式傳遞心願，希望能上達天聽，讓天上神明聽見，並賜福保佑。此外，來到中台禪寺時不妨到寺廟最高處，欣賞埔里風光，將自然美景盡收眼底。

在哪裡拜

地 南投縣埔里鎮中台路 1 號
電 04-9293-0215
時 每天 8：00~17：00

交 開車／
國道三號：霧峰系統交流道→國道六號→埔里交流道下→埔里→中台禪寺

十大超人氣福廟 5 主祀【媽祖】

北港朝天宮

從小祠堂到二級古蹟

※ 眾神顯靈保平安

追溯起北港朝天宮的淵源，大約是在清朝康熙三十三年，佛教臨濟宗第三十四代禪師樹璧和尚從中國大陸福建省湄洲天后宮，移駕一尊由宋代所雕塑的軟身媽祖神像至臺灣，當時只有興建一座小祠堂，歷經雍正、乾隆和道光時期三次的增建，至清朝咸豐初年又再度擴建成為四進和東西二室的建築，才有今日壯闊的雛型。雖然之後曾遭受大地震的摧殘，但重建後的北港朝天宮更是帶有中國傳統藝術之美，不僅外觀輝煌，還被列為二級古蹟，成為許多信徒朝聖所在。

位於雲林的北港朝天宮，正殿（又稱聖母殿）奉祀媽祖；中殿中室（又稱觀音殿）主祀觀音菩薩、十八羅漢，另外也奉祀有三官大帝、文昌帝君、媽祖的林氏父母雙親和其兄姊妹、註生娘娘殿、土地公等台灣傳統信仰神明。過去不是今日所見的廟名，北港朝天宮的舊稱為「天妃廟」或「天后宮」，為了紀念分靈自湄洲祖廟「朝天閣」，才改名為朝天宮。

※ 鎮店三寶，求財求幅

北港朝天宮內主要供奉的是位於正殿的媽祖，廟內更有供祀天上聖母、鎮殿媽、湄洲媽祖、觀世音菩薩等神像。北港朝天宮有著經過京店認證後所頒布的「北港朝天宮鎮殿三寶」，那就是「寶璽」、「缽」以及「昭應錄」。

寶璽是清朝時隨媽祖神像渡海而來，為北港朝天宮獨有的寶物；缽則是北港朝天宮第一代開山祖師——樹璧和尚所有，而昭應錄記載著湄洲媽祖得道昇天後，救世感應的事蹟。

鎮店三寶之外，在建築特色上，四落八殿、一埕七院的寬廣格局，加上廟內出自於名匠之手的樑架結

構及木雕、廟埕外石欄杆柱上四海龍王之石雕像，每尊姿態各異，氣勢非凡，還有以米字形做出斗拱結網構造而成的藻井，整座寺廟不論是小至窗花上的人物表情動作的刻畫，大到氣勢雄偉的盤騰龍柱，瀰漫著如此濃厚中國傳統風味特色，無疑是結合了宗教與藝術精品的綜合體。

※「孝子釘」傳奇

有則北港媽祖的靈驗事蹟流傳至今：在清朝康熙年間，有個稱作「蕭孝子」的男子，跟母親一起從大陸來台找尋父親，在渡海的過程中，母親卻被大浪沖走，到了台灣時，在尋找雙親的同時，因緣際會下來到了北港的媽祖廟，向廟裡的媽祖祈求能早日找到他的父母親，當時他看到地上有一根粗的鐵釘，於是他便向媽祖請求，如果能找到他的父母，就讓這根鐵釘能釘入花崗岩之中，話說完他便徒手將鐵釘往地上釘去，鐵釘應聲釘入堅硬的花崗石中。

天上聖母

這個消息傳遍了北港，許多人紛紛幫他打聽他的父母的下落，結果最後也如願尋得雙親，而這支「孝子釘」，就在北港朝天宮觀音殿前面的石階中央，見證著這段傳奇性的過去。

想來北港拜媽祖雖然是一年三百六十五天皆可，但如果想跟人群湊湊熱鬧，不妨在農曆三月十九、二十日，媽祖從湄洲進香回港遶境祈安時來瞧瞧，北港鎮民大宴賓客、鳴放鞭炮的盛大場面絕對是世間難得一見的宗教盛事！

在哪裡拜

地 雲林縣北港鎮中山路 178 號

電 05-783-2055

時 每天 4：30~24：00

交 大衆運輸 /

客運：

①台北客運總站搭乘統聯客運往北港方向

②台中火車站前搭乘台中客運往北港方向

③斗六火車站後站旁搭台西客運往北港

開車 /

國道南下：

①走國道 3 號從古坑系統接 78 號快速道路，往台西方向從虎尾交流下走 145 縣道若從元長交流道下走台 19 線，從東勢交流道下走 153 號縣道再接 155 縣道。

②走國道 1 號從雲林系統接 78 號快速道路，往台西方向從虎尾交流下走 145 縣道若從元長交流道下走台 19 線，從東勢交流道下走 153 號縣道再接 155 縣道。

③國道 1 號南下斗南交流道下，往虎尾方向。接著 158 號省道，直直行。再接著 145 號省道，直直行。

國道北上：

①走國道 1 號嘉義交流道下轉 159 線道，到新港轉 164 縣道。

②國道 1 號下嘉義交流道（北港 / 新港），直行縣道 159 線（太保市北港路→新港鄉中山路），左轉縣道 164 線（福德路），右轉台 19 線過北港大橋，直行雲林北港鎮義民路，右轉中正路或民主路。

十大超人氣福廟❻

鹿港玻璃媽祖廟

主祀【媽祖】【王爺】【土地公】

全球唯一的玻璃媽祖

※玻璃做媽祖，獨步全球

媽祖是台灣擁有最多信徒的民間信仰之一，各式神像也五花八門，無論是黑的、金的、還是彩繪的，都有絡繹不絕的善男信女，連年參拜，因此媽祖廟數量眾多，遍佈台灣各個角落，而在這茫茫「廟」海裡，最獨特的媽祖廟絕對是鹿港的「玻璃媽祖廟」莫屬，玻璃打造的廟宇建築可說是獨步全球。

鹿港玻璃媽祖廟主祀媽祖，另供奉王爺、土地公，為了宣揚媽祖德澤，所以建造這座玻璃媽祖廟，與當時所推動「鹿港古都·彰濱新城」計畫同步發展，以玻璃團隊的產業技術，結合電子科技、生態保育、文化創意特質，同時讓台灣的玻璃工藝有發展舞台，遊客到此除了參拜媽祖外，也可到「台灣玻璃博物館」逛逛，欣賞台灣的玻璃工藝之美。

※金光閃閃的玻璃工藝

彰化鹿港名列台灣十大觀光小城，尤其是玻璃廟，更是遊客必去的觀光勝地，每到假日必定擠得水洩不通。

玻璃媽祖廟前後花了長達六年的時間，以七萬多片玻璃組成，占地三百多坪，外觀仿照清朝時期的鹿港天后宮，融合彩繪、窯燒、熱縮、堆疊等玻璃技法來建構，是一座結合玻璃產業技術、藝術文化創意、宗教科儀的現代化特色廟宇，整座廟除了鋼骨主結構外，擺設用的鮮花、金箔、素果、神轎……甚至連正殿所供奉的媽祖神像，全是以玻璃材質打造而成，其中一座玉山造型的神龕相當特殊，以一千四百多片玻璃切割而成，相當費時耗工，成品極為精美。

巧奪天工的玻璃媽祖廟，雖然整座廟宇以玻璃建成，但最高可承受十七級強風和十級地震。

※白天黑夜，兩種面貌，一樣美麗

白天陽光照射，彩色玻璃綻放眩目的光彩，相機「喀嚓喀嚓」聲響此起彼落；夜晚寺廟的燈光一亮，彷彿一座不夜城，廟宇化身最美的夜景，還多了一分神聖的莊嚴寧靜。

白天與夜晚的媽祖廟會呈現兩種不同面貌，各具獨特美感，也是玻璃媽祖廟的一大特點；白天陽光射進每一片玻璃，讓人感受宛如鑽石般閃爍，大殿前的天池中以太極和八卦為主題的蟠龍石雕，也會依陽光折射角度不同，反射出不同色彩的耀眼光芒；到了夜晚，裝置在玻璃上的LED燈便會開起，五彩繽紛的燈光教人絢爛神迷，宛如一座富麗堂皇的水晶宮殿，也正因如此特殊的視覺效果，近年來更成為攝影師們捕捉美麗影像的熱門景點。

在哪裡拜

地 彰化縣鹿港鎮鹿工南四路 30 號
電 04-7811299#266
時 每天 8：00—18：00

交 大眾運輸／

高鐵：可於高鐵台中站轉乘台灣好行 - 鹿港線前往。

台鐵：可於彰化火車站前彰化客運站轉乘台灣好行 - 鹿港線前往。

開車／

國道 1 號（中山高）：埔鹽交流道下，接台 76 線漢寶草屯東西向快速道路，過台 17 線上台 61 線西濱快速道路，於第一個交流道下〈左轉進入彰濱工業區〉，鹿工路，左轉鹿工南三路，右轉工業西六路，左轉鹿工南四路即可抵達。

十大超人氣福廟⑦ 主祀【媽祖】

鹿港天后宮

台灣傳統藝術殿堂

※年紀最大的湄洲媽祖

台灣人建廟拜媽祖娘娘不稀奇，但是要持續四百多年香火鼎盛，就不是件容易的事，而彰化鹿港天后宮，就是間不容易的寺廟。

全台供奉媽祖的廟宇眾多，鹿港天后宮有什麼特別，讓它歷經四百多年，仍屹立不搖？

鹿港天后宮是台灣唯一奉祀「湄洲祖廟開基聖母神像」的廟宇，更是台灣歷史最悠久的的廟宇之一，至今已有四百多年歷史，並被列為國家的三級古蹟。

前身為「鹿港天妃廟」的鹿港天后宮，可追溯到其創建的年代，大約是從雍正三年開始，因為香火鼎盛，信徒日益增加，原先的廟宇無法容納，在經過多次整修才有了今日的規模。

鹿港天后宮裡所供奉的，是目前世界上僅存一湄洲媽祖本尊，施琅將軍在清康熙二十二年（一六八三年）帶到台灣，分靈到鹿港，據說當年清廷就是靠媽祖的保佑，才順利取得台灣，後代便將神像留在鹿港，祭祀膜拜，護佑漁民出海作業，由於長年累月受香煙所薰而成黑面，因此又被稱為黑面媽。湄洲開基媽祖原有六尊，分別恭奉在在福建湄洲、浙江寧波、馬來西亞麻六甲及臺灣鹿港，後來因大陸發生文化大革命，許多傳統文物皆被摧毀，幸好鹿港媽祖神像並未受到波及，而保存下來。

※傳統建築藝術饗宴

鹿港天后宮建於民國前三百二十一年間，歷經四百多年的淬鍊，鹿港天后宮，已從台灣信仰中心，蛻變成傳統藝術殿堂，祀內所保存的文物不計其數。有明朝宣德年製的進香爐、民初時雕製的精緻鳳輦、全副儀仗、清朝皇帝的御筆匾額、古代碑記、昔日

湄洲祖廟祭祖照片和祖廟，贈與給鹿港天后宮的大靈符、聖母寶璽，皆為台灣絕無僅有的珍貴文物。

自從文革摧毀湄洲祖廟後，廣大的媽祖信徒，更重視保存於鹿港天后宮中的湄洲開基聖母寶像，以及六千多件湄洲民俗文化器物，這些都是碩果僅存的歷史瑰寶。

鹿港天后宮神蹟顯赫，也分靈出許多大廟，例如：北港朝天宮、麥寮拱範宮、朴子配天宮、彰化天后宮、大肚永和宮、土庫順天宮、台西安海宮、埔里恒吉宮、枋橋頭天門宮、北斗奠安宮、溪洲后天宮、新店后儀宮、基隆后天宮、中崙慈賢宮，甚至到南半球的澳大利亞墨爾本、美國科羅拉多州、日本長崎平戶市媽祖文物都有分靈件廟祭祀，全世界共達二千餘座，信徒遍佈全球，一年三百六十五天，香客絡繹不絕，尤其是農曆一月至三月間的進香旺季，更是人潮洶湧，水洩不通，人人都希望在一年之初，求媽祖保佑往後的日子平安順遂。

天后宮經過幾此修建，建築巧奪天工，不僅為鹿港天后宮贏得「藝術殿堂」的美名，也保存了中華傳統藝術文化。

民國五十三年，台南剪黏匠師葉鬃及葉進益施為正殿、三川殿的屋頂剪黏修補建設，民國五十九年，三川殿請名家重新彩繪及貼金帛，金光閃閃聲勢驚人，兩旁八卦門的門板除上彩繪外，還聘請鹿港書法名家——王漢英親筆揮毫題字。只可惜，這些精采的書法、彩繪作品因為風吹日曬，部份的遭到毀損剝落，需要維護。天后宮牌樓由鹿港大木匠師——施坤玉設計，屋頂斗栱及樑柱以水泥建造，燕尾式的廟宇飛簷曲線流暢，牌樓樑柱原為紅色，後來改漆金色，更顯得莊嚴肅穆。整體格局為傳統的四合院式，並分為前殿、正殿及後殿。前殿三川殿的屋頂採重簷歇山式造型，在台灣廟宇中極為罕見，殿中的木雕、石雕皆出自名師之手，而八卦藻井在昔日被當作是尊貴的象徵，除了展現富麗堂皇的效果之外，還有隔斷過高空間及保持室溫之用。

若是想要體會一下鹿港天后宮媽祖的魅力，不妨在每年農曆三月二十三日媽祖聖誕時來走走，大批湧入參拜的香客盛況空前，可是會讓你大開眼界！

在哪裡拜

地 彰化縣鹿港鎮鹿工南四路30號

電 04-7811299#266

時 每天8：00—18：00

交 大衆運輸／

高鐵：可於高鐵台中站轉乘台灣好行 - 鹿港線前往。

台鐵：可於彰化火車站前彰化客運站轉乘台灣好行 - 鹿港線前往。

開車／

國道1號（中山高）：埔鹽交流道下，接台76線漢寶草屯東西向快速道路，過台17線上台61線西濱快速道路，於第一個交流道下〈左轉進入彰濱工業區〉，鹿工路，左轉鹿工南三路，右轉工業西六路，左轉鹿工南四路即可抵達。

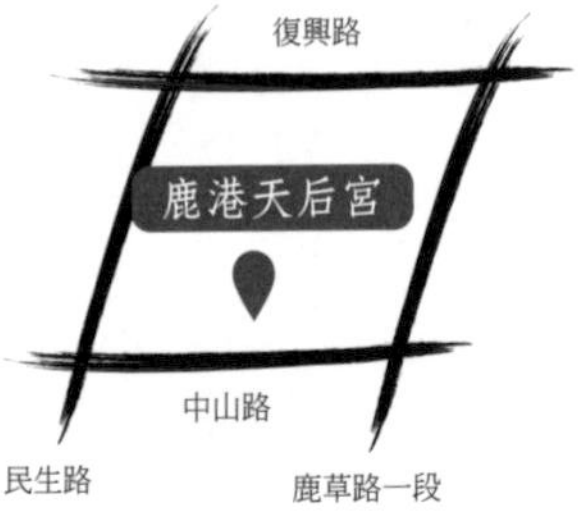

十大超人氣福廟❽ 主祀【觀音菩薩】

壽山巖觀音寺

國家三級古蹟

※歷史悠久壽山巖

過年到桃園壽山，不只有動物園，還可以求福求財求平安，一整年都有好運道。

歷史悠久的壽山巖，其實有段淵源故事：相傳在乾隆年間有位順寂法師，向普陀山「潮音寺」恭請觀音佛祖神像來臺，當時登台的地點就是如今的淡水，繞過觀音山到達壽山巖現址，因菩薩顯靈就暫時安奉神像於樹下。乾隆二十八年時，信士張志榮為報答佛祖佑妻順利產子，乃獨資建庵，那正是壽山巖的前身「三草庵」。

到乾隆五十八年間，福建水師提督兼臺灣總兵哈當阿南下綏靖盜患，經過三草庵時許下改建佛寺的心願，事後果然如願戡平盜亂，於是召集地方籌建廟宇，直到嘉慶二年完成，正式名為「壽山巖」。

來到桃園，若是想到廟裡走走求平安，這座縣內歷史最悠久、甚至被列為「國家三級古蹟」的壽山巖觀音寺，絕對會是當地最具代表的必拜景點之一！

除了名為「壽山巖觀音寺」外，因為廟宇位於當地的龜山鄉嶺頂村裡，因而也有「嶺頂觀音廟」的別稱。

而如今壽山巖在結構上，前殿為祀奉主祀神明的觀音殿，幾十年來歷經多次改建整修後，在正殿後建起「二進三殿式」凌霄寶殿，供奉玉皇大帝與三官大帝，規模龐大且氣勢非凡，寺中長年香火鼎盛，香客絡繹不絕。

※氣勢非凡蟠龍柱

建築，是壽山觀音四最重要的資產。這得歸功於斗栱屋架的精心設計，斗栱像組合積木般的與橫樑立

柱間做高底的變化，不需使用卯釘只靠卡榫接合，中國傳統的飛簷樓榭，除了優美的屋簷弧線，更堅具裝飾與結構支撐功能，是傳統文化與建築科技的瑰寶。

屋頂橫樑與兩邊的柱子連通，承受斗拱與屋頂的重量。樑上有由彩繪大師許連成繪製的中國經典歷史傳說故事，如：八仙、西遊記、封神演義、三國演義、岳飛傳、說唐全傳、東周列國志、大舜傳說等。

在整體建築則呈現兩殿兩廊兩護室的形式，石雕與木雕的建築精細得巧奪天功，像是位於廟宇正面前檐廊的「蟠龍柱」，全由觀音石雕刻而成，「弓」型的彎曲代表龍身；中門以下的石門臼，左右各有書、畫的圖像……讓廟宇呈現出金碧輝煌的氣勢。

木雕也屬於壽山巖的重要建築裝飾之一，也因以山門為主要門面，因此裝飾性要求明顯、題材大多以花鳥、走獸、吉祥物以及人物為主，除了精雕的建築與裝飾外，在過去的整修工程中還增加了屋脊剪貼裝

忠心貫日維社稷功高武穆
義氣凌雲正綱常德配文宣

飾以及庭院中的石林造景、噴水池以及涼亭等供民眾休憩的設施。

※康熙御賜的名字

除此之外，在壽山巖悠久歷史的傳承下，有著與一般廟宇難有的獨有特色。像是當初由鄧定國法師從潮州渡海而來，向浙江普陀院山潮寺恭請二媽本尊留有的「開山和尚鄧定國法師紀念碑」，尤清總兵哈當阿親自題字贈與的「慈帆廣濟」牌匾，在嘉慶年間，粵東嘉應地區弟子沐恩所贈的「日月雲板」，更特別的是「壽山巖觀音寺」的寺名，是由當年清康熙皇帝所親自御賜的呢！

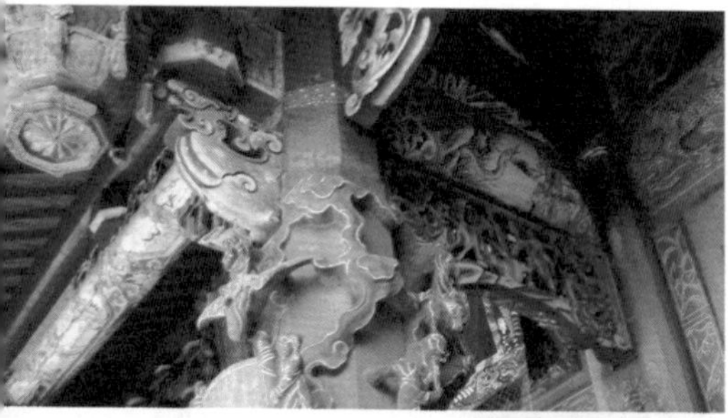

在哪裡拜

地 桃園縣龜山鄉嶺頂村萬壽路二段6巷111號

電 03-329-4697

時 每天6：00~210

交 大衆運輸／

客運：由桃園搭乘往新莊的桃園客運，在嶺頂站下車，沿山門步行進入約3分鐘

開車／

下桃園內環線大南交流道，循鶯桃路、桃鶯路往桃園市區，右轉萬壽路可抵達廟前廣場。

十大超人氣福廟 9 供奉【觀世音菩薩】

艋舺龍山寺

台北「第一名剎」

※衛民有功，皇帝親賜匾額

艋舺，早期台北的繁華地帶，多少經商致富的夢想，在此孕育而生，如今風華不再，卻留有前人白手起家，努力致富的傳奇故事，以及虔誠的宗教信仰——龍山寺，求神明保佑平安順遂，夢想成真。

位於台北萬華的艋舺龍山寺，號稱台北「第一名剎」，清乾隆三年（一七三八年）艋舺還是個疾病流竄的險惡地區，當地泉州移民，聽到瘟疫聞聲色變，在醫療科學還不是非常發達的情況下，只能求助於神明保佑。因此居民集結力量，合資興建「龍山寺」，主祀由福建分靈來臺的觀世音菩薩，後來因為經商貿易，艋舺日趨繁榮，「龍山寺」逐漸成為當地居民信仰中心，舉凡議事、訴訟等皆會到此祈求神靈，予以公斷。

龍山寺的建立也有著另類的傳說，據聞，從前有位當地居民，經過此地時，不小心把佩帶的觀音菩薩香火遺掛在一棵大榕樹上，夜晚時回到原處找尋，香火竟然發出奇異的光芒，而更奇怪的是，自此以後這香火有求必應，非常靈驗，於是信徒就決定在此地建立「龍山寺」。

英法戰爭時期，龍山寺也有過一段特殊歷史，當法軍侵占基隆獅球嶺時，當地居民組織義軍，以龍山寺印行文官署，協助擊退法軍，最後獲得了光緒皇帝親賜「慈暉遠蔭」匾額，仍保存至今。

※戰後重生，銅鑄攀龍柱全台唯一

歷經幾次天災侵襲、第二次世界大戰火波及，如今，艋舺龍山寺的外觀，其實與當初的風格不大相近，卻仍然不減其在信眾心中的地位。

清仁宗嘉慶年間，地牛大翻身，龍山寺遭受其害、毀損嚴重，必須重新修建，完成後圓以為從此平安無事，沒想到一八六七年，又有暴風雨侵襲，鄉親只好再次大規模修復，重建修復後風格與「艋舺清水巖祖師廟」相近，修復後便列入「國家二級古蹟」，而所屬的「艋舺地藏庵」也被列入三級古蹟。

龍山寺另外特別之處，在於它曾經不只是一間廟宇、居民的心靈寄託，日治時期，龍山寺部分空間被佔用作為學校、軍營以及臨時辦公處所。

一九一九年，龍山寺不堪歲月侵蝕，老舊破損，空間被充為公用，住持福智法師便號招募款重建，還聘請當時頂尖的木匠、石匠大肆翻修，為今日龍山寺的樣貌打下基礎，即使在第二次世界大戰中全毀，戰後重生後，仍可感受到其宏偉的氣勢。

目前龍山寺的面積約一千八百坪，坐北朝南，為中國宮殿式建築物。整座廟宇也以宮殿式建築呈現，前方庭園的人造瀑布則營造出清幽的朝拜環境，兩旁

有左右護院，又稱左右護龍或東廂西廂，自中軸由外而內，依序是山門、廟埕、前殿、中庭、大殿、後庭、後殿，整體格局呈現「回」字形，在中國傳統建築中，被賦予尊貴之意，走進拜殿內，還有一對全臺獨一無二的「銅鑄蟠龍柱」，正面牆堵則由花崗石與青斗石混合組構而成，牆上故事多出自三國演義和封神榜，有著非常豐富的教育意義。殿內特有的「螺旋藻井」不費一釘一鐵，全由斗栱相嵌築構而成。

後殿的屋頂採歇山重簷式，為典型儒、道教諸神佛供奉處，而全寺屋頂脊帶和飛簷由均由龍鳳、麒麟等吉祥物造形，更以剪黏和交趾陶裝飾，歷史與藝術價值兼具。

※時間推移，不減繁華

早期台灣海峽又叫「黑水溝」，風浪很大，移民都用石板來壓穩船艙，以保安全渡海來台，後來這些石板，也就用來舖設「龍山寺」前的部分廣場，來到龍山寺，不妨仔細留意廣場上的地板石材，其中切割較不整齊的部分，正顯示出它古老的歷史。隨著時代變遷，龍山寺也應應需求建設現代化設備，如餐廳、洗手間金亭與時鐘台、地下商店與捷運連結等，為的就是服務廣大信眾，求神明保佑平安。

身為台北大廟，現在龍山寺恭奉的神祇，早已不只是觀世音菩薩，還包括釋迦摩尼佛、藥師佛、阿彌陀佛、文殊菩薩、十八羅漢、天上聖母（媽祖）、文昌帝君等佛、道、儒三教重要神祇，全殿總共七爐，分別為觀音爐、天公爐、媽祖爐、水仙尊王爐、註生娘娘爐、文昌爐、關聖爐，天公爐最大，照此七爐依續參拜、上香。

除了欣賞台灣寺廟建築文化以外，龍山寺在每年農曆正月十五至二月十九日都有花燈展覽、平安燈等等傳統活動，有祈求財運亨通，以當年生肖為主題的「生肖祈福主燈」、或是祈求平安順遂的傳統「平安總燈」，再加上東西廂房、牌樓上所懸掛的應景花燈等，營造出元宵節過節的熱鬧氣氛。在感受燈節的熱鬧繁華之後，也能到附近的華西街觀光夜市、西門町等鬧區，體驗一下不同的傳統寺廟之旅！

在哪裡拜

地 台北市萬華區廣州街 211 號
電 02-2302-5162
時 每天 7：00~22：00

交 大衆運輸／
捷運／搭乘捷運板南線至龍山寺站即可到達艋舺龍山寺。

開車／
國道 1 號 - 臺北交流道下 - 省道臺 2 乙線 - 民族西路 - 環河快速道路 - 桂林路 - 西園路一段 - 廣州街。
國道 3 號 - 中和交流道下 - 縣道 106 甲線 - 鄉道北 91 線 - 縣道 114 線 - 光復橋 - 西園路二段至一段 - 廣州街。

十大超人氣福廟 10 主祀【送子觀音】

劍潭古寺

台北最老的寺廟

※近四百年的歷史氛圍

劍潭古寺，台北最老的廟宇，供奉全台唯一主祀送子觀音，在大直北安路的巷弄中，三百七十載，安安靜靜始終如一，保佑信眾一家老小平安，已被列入市定古蹟。

擁有三百七十年歷史的劍潭古寺，陸續經過遷址及多次重建，漫步至這座隱隱於市的古剎，入口處是青綠瓦頂、白色石柱的牌樓，上頭的「劍潭古寺」四個字，便是民國六十一年時辜振甫為寺廟所題，而廟內正殿匾額則是民國時期副總統謝東閔題字。穿過牌樓，爬上小坡就是寺廟的廣場，廣場不大，但是站在古老的寺廟建築面前，自然就有莊重的氣息。

劍潭古寺近四百年的歷史，也經過搬遷、修建，才有今日的面貌。原本並不是蓋在大直，而是真的初建在風景清幽的劍潭山，明朝時就已有信徒參拜，清朝乾隆時期重建，直到日治時期才遷至現址。

※送子觀音，求子又求財

劍潭古寺的創立有著一則奇特的傳說；據說明朝年間，一位名為榮華的法師帶著送子觀音從廈門來到台灣，經過劍潭（舊稱芝蘭堡）時，一條紅色的大蟒蛇突然擋住去路，當下法師不知是吉是兇，於是決定先稍作休息。

而觀音大士便託夢榮華和尚，希望在此駐足，並指示明日在港口處將有八艘商船，可請船上商人們幫忙。隔日法師醒來，到了港口果然看到八艘商船，而船上商人欣然答應出資，興建「觀音寺」，也就是現今劍潭古寺的原型。

廟內主祀神明送子觀音的「子」有雙重意涵，分

劍潭古寺
惟古佛能超苦海

別為「兒子」跟「銀子」，除了祈求平安，也有升官發財的旨意，因此信眾來此不只能求子，延續後代，更能求財祈福。由於供奉的送子觀音相當靈驗，劍潭古寺是當時全台灣香火最旺的廟宇，甚至還超越過艋舺龍山寺。

不過廟方於近幾年表示，希望回歸為正統「佛教廟宇」，因此將新迎來的釋迦摩尼佛像尊奉在正殿主神明位置，經廟方向神明請示後，送子觀音被移至釋迦摩尼佛的下一階。

※歷史印記

明鄭時期，國姓爺鄭成功到台灣，因部屬的寶劍落入寺前潭水中，遂改名為「劍潭寺」，而寺廟東側殿內供奉的便是延平郡王像。清光緒三十四年，辜顯榮樂捐修建中殿，增建完成後，獲聘為管理人。有一說是至日據時代，日本人想擴大台灣神社（今圓山大飯店）原址，並闢建神社的參道，於是劍潭古寺就遷

移到現址大直劍南山麓。

寺廟悠久的歷史，可以從廟裡的抹些舊器雕飾，瞧初端倪。

祀旁的碑林園，將古代舊有的廟柱石碑保留下來，還殘留著對聯及刻屬年號，雖然文字難辨，仍可以感受到古寺的傳統氛圍。

「碑林園」也保留了原址拆卸廢棄的舊廟柱石碑，入口處的左右石柱為嘉慶時期的舊寺柱，可在石碑上看見許多舊帝王年號，如「道光」、「昭和」，可經由殘柱上的對聯及刻署年號，了解劍潭古寺的悠久歷史。

在為數不少的舊石碑中，最老的是咸豐二年（一八五二）的「奉憲示禁碑」，至今已有一百六十二年高齡，另外也有道光、嘉慶年間的石碑，現使其悠久的歷史內涵。

雖然經過多次整修，佛堂裡的神桌和案桌，皆是道光和嘉慶年間，所留存下當時的匠師力作，因此寺廟裡依然處處可見歷史的痕跡。

位於劍潭北岸、劍南山麓的劍潭古寺，背山面水，景緻清靜，登上劍潭古寺最高處，便可看見正對面的美麗華摩天輪，身在發人思古幽情的廟宇，觀賞市區霓虹閃爍的夜景，別有一番情調。

在哪裡拜

地 台北市中山區北安路 805 巷 6 號
電 (02) 2532-3834
時 每天 6：00～21：00

交 大衆運輸／
公車：21， 28， 110， 222， 286，
287， 620，， 902「劍潭寺」站下車。
2、竹子林 -247，247(直達)。
捷運：從捷運劍潭站下車轉搭紅三接駁公車在劍潭寺下車，步行五分鐘即可抵達。

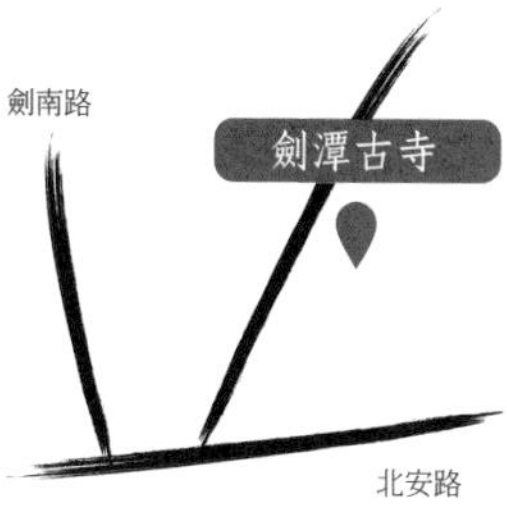

財源滾滾，好運旺旺

26大超靈驗神廟

大溪迎富送窮財神廟

北部財神廟 1

主祀：玉皇大帝、五路財神

這樣拜最神

迎富送窮廟的「發財金」很特別，擲茭共有六對顏色，青、白、紅、黃、黑，代表著五路財神，以及天公的紫色。需擲十二個茭，一對聖筊領一袋 58 發財金，如果擲出六對聖茭，便可獲得最高樂透發財金 588 元，加贈一面財神金牌！

迎富送窮，不有錢也難

※ 窮盡、富出財源滾滾

窮神退散，財富快來！桃園有間財神廟，名字就叫「迎富送窮」——「迎五富，送五窮」，把財富迎來，窮運送走，財源滾滾、不愁吃穿！也難怪它香火鼎盛。

走進迎富送窮財神廟前，得注意「窮盡、富出」，要從右邊山門進，從左邊一條極具特色的「聖杯大道」出來；而這也就是一般廟宇所謂的「龍邊進，虎邊出」，記得千萬別走錯！進入正殿後，會看見一個五路轉運池，可用池水拍拍自己的手腳前胸、澆水在元寶上、再摸摸元寶，等於去除身上的穢氣，同時也是淨身之用。

※ 送窮符咒去穢氣

台灣一般的財神廟以祭拜土地公、五路財神爺為主，而大溪迎富送窮廟是唯一以「送窮神」為主的財神廟。

其實，建於西元二〇〇五年，此間廟宇原名天公廟，主祀玉皇大帝，下轄有福、祿、壽三官大帝，配祀五路財神、左彌勒文財神、右濟公武財神，在入口右邊設有財神王金庫，處理借還發財金的事宜。

後因為二〇〇八年全球金融海嘯，人人怕窮鬼上身，廟方決定將之改建為財神廟，於是成了台灣唯一標榜承襲漢唐「迎富送窮」科儀的宮廟，宮廟主體也是依照唐式建築而造。

到財神廟進門前有一池「轉運五路財」，主要是讓來的人能沾沾財氣，舀水淨淨，摸摸元寶沾財氣，可以去窮和轉運。想要去窮氣，第一站就得先來到濟公壇前，由廟方提供已失傳千年的送窮符咒，簽名、蓋手印、念咒語：「**窮、窮、窮、去、去、去！我家房子小，大海無限大！窮、窮、窮、去、去、去！趕快坐紙車，騎紙馬，從大溪坐大船送進大海去！**」

符咒火化後放入「送窮船」，最後再拿起濟公的蒲扇，搧一搧，送走身上所有的壞運氣。

到迎富送窮廟求發財金很方便，只要先到財神金庫的桌上取一張「招財錢 擲杯單」。填上資料（姓名、住址、日期和卡號），然後到擲杯處向服務人員表明要求發財金，取擲杯盤，盤上共有六個顏色的杯各代表東路（綠色）、南路（紅色）、中路（黃色）、西路（白色）、北路（黑色），還有紫色代表天公加持的天公杯，擲杯取得發財金。

「懂得送窮，才能迎富」，想祈求神明保佑吸引財氣，更重要的是身體力行、心誠則靈，否則窮運還是有機會回到身邊的喔！

什麼是五富五窮

五富指的則是「東福、西祿、南壽、北喜、中財」，而所謂的窮氣，也就是古時候人說的五窮：「智窮、學窮、文窮、命窮、交窮」

在哪裡拜

地 桃園縣大溪鎮瑞安路二段 205 號
電 03-388-9355
時 每天 6：30~20：00

交 **大眾運輸 /**
桃園後火車站搭桃園至大溪桃園客運至大溪，至大溪桃客總站下車，再搭大溪往坪林班車，於內柵站下車步行即可至迎富送窮廟。

開車 /
北二高大溪交流道下，往大溪方向員林路（台 3 線）後轉瑞安路（台 4 線）往石門水庫方向，過崁津大橋後再行 600 公尺，約在台 4 線 32 公里處。

北部財神廟 ❷

北投關渡宮

主祀：媽祖、天官財神、文武財神

這樣拜最神

對於特別想求財的信徒，關渡宮有資深道士，提供改運、補財庫的儀式；改運儀式每天舉辦，補財庫則在農曆每月初一及十五舉行，要提早預約。

打破玻璃也要拜的廟

※ 財神爺請多關照

靈驗的財神廟，在台灣不算少數，但是要像北投關渡宮這樣，信眾為了遞名片求財求福氣，竟然不惜打破玻璃也在所不惜。

擁有三百多年歷史的北投關渡宮，為台灣北部最大、歷史最悠久的媽祖廟，坐落於淡水河、基隆河匯流處，知名的淡水八景環繞四周，依山傍水，西面遠眺觀音山巍峨參天，也可一遊關渡宮後方的靈山公園，登高飽覽關渡大橋、淡水河入海的壯麗美景，山明水碧，心曠神怡，與北港朝天宮、鹿耳門天后宮並稱為「臺灣三大媽祖廟」。

關渡宮的媽祖神像中，大媽是由湄洲迎來，而相傳二媽於迎來之時遭遇船難，後來神像飛落靈山廟，親自指示駐廟安住；種種傳說皆顯示媽祖法力高強，尤其以大媽與二媽最為靈驗。關渡宮祀奉的神明包含佛教與道教，主祀湄洲媽的兩側則是祀奉觀世音菩薩和文昌帝君。

過去曾有信徒為了塞名片給財神，請財神爺多多關照，不惜打破櫥窗，但廟方表示，這樣只會驚擾神座，請各位民眾保有誠敬的心，心誠則靈。不過，既使現在廟方用玻璃框將神像保護在內，始終有許多信徒想找個縫隙，將名片塞進去。

※ 郭台銘也拜

關渡宮內，每位財神皆用金身雕塑，雖在洞內，依舊金光閃閃、耀目輝煌，是上班族、股票投資客的必來寶地。全台知名的「財神洞」就在正殿後方，綿延數十公尺，供奉土地公及五路財神。洞內兩側安奉的五座財神像，形式全台僅有，分別是「天官財神」、「文比財神」、「武明財神」、「季倫財神」以及「萬山財神」。相傳台灣首富郭台銘，也是關渡宮的虔誠信徒。北投關渡宮作為求財勝地，別有洞天。

※「古佛洞」威鎮四方

關渡宮右方即為靈山，登高而上便是全長三百二十公尺的「古佛洞」，也是一個稀有的觀光佛洞，大殿周圍安奉威力四大金剛，洞內兩旁有二十八天王像，盡頭處尊放千手千眼觀世音菩薩，具有普渡眾生的涵義。擺放在「古佛洞」入口通道處的石臼，上頭放著一顆金元寶，被視為「鎮洞之寶」，供進出的信眾觸摸祈福，盼能沾染財氣、富貴之運。

關渡宮內莊嚴大器的神像雕塑，同樣令人歎為觀止，石牆面上雕滿各個歷史人物和民間故事。而承襲傳統南式建築，重視華麗裝飾，遊客進入關渡宮內，可仔細觀察廟宇屋樑，抬頭仰望天花板上的藻井，雕刻著各式各樣的題材，花果、鳥獸、神仙……等等，絢麗奪目又熱鬧繽紛，可窺見工匠巧思。而關渡宮建築上大量使用的「剪黏」工藝，數量居全台廟宇之冠，完全遵照古法施製，具有高度宗教文化價值。

誰是財神？

「天官財神」，相傳即堯帝，每年正月十五日會下人間，校定人的罪福，所以稱「天官賜福」。「文比財神」，就是歷史上被紂王挖去心肝的忠臣比干，據說死後被玉皇大帝認為比干無心，所以更能公正分配凡間一切錢財，因此封為文財神。「武明財神」，就是趙公明，也是「寒單爺」，率領部下四位正神掌管招寶、納珍、招財、利市之職。「季倫財神」，是晉朝有名的富翁石崇，可說是中國歷史上最有錢的人，民間傳說祂在死後變成掌管錢財的「祿星」。「萬山財神」，為明朝沈萬山，因為救了三隻神蛙，而得到一個聚寶盆，聽說能聚萬物財寶，能追積欠財物，因此富甲天下。

在哪裡拜

地 台北市北投區知行路 360 號

電 02-2858-1281

時 全年無休，每日 6：00 - 21：00，過年期間 24 小時開放

交 大衆運輸／

捷運站名：關渡站下車，經大度路 3 段 301 巷即到

其他：

①公車：216 副線、302、550、小 23、紅 35 在關渡宮站下車。

②停車資訊：關渡水岸自然公園平面停車場 北投區知行路 360 號（關渡宮對面）

北部財神廟 ❸

主祀：武財神

石碇五路財神廟

這樣拜最神

因為五路財神廟強調其為道教正宗，到五路財神廟求財的信眾，可向廟裡道士開壇補財，而五路財神廟的「補財庫」服務較為特別，首先，信眾得將自己的姓名、地址、出生年月份寫在一張疏文上，然後誠心地焚香祝告，向神明報告，最後再將疏文拿到「通天爐」焚燒。

一夕暴紅

※財神爺始祖

現今全台能有許多財神爺保佑，大部分要歸功於它——石碇五路財神廟。

早期，臺灣還不太流行拜財神廟，但自從位於新北市的石碇五路財神廟，因主祀的武財神極為靈驗，不斷傳出求財靈驗的故事後，台灣各地才開始興建，財神廟數量一夕爆增，現今分靈遍布全台各地。五路財神廟可以說是全台財神廟的「開山祖師」！

當初，五路財神廟內的這尊武財神，還是由大陸山東峨嵋山奉請而來。五路財神廟創辦人許昭男先生表示，五路財神廟的現址是一位弟子所捐贈。自古以來便說「水可聚財」，而五路財神廟四周溪流環抱，又加上朝元寶山、北倚聚寶山，光是地理位置就有著極佳的「聚財」風水之相，的確是一塊難得的寶地。

※武財神託夢建廟

配合主祀神明「武財神」的金面金身，五路財神廟建築金碧輝煌，整座廟宇的天花板掛滿了信眾的財庫燈，金光閃閃。

五路財神廟創辦人許先生，本身即是一位道教法師，十多年前夢見一尊金面金身的神明，但並不認得是「何方神聖」；不久後至大陸旅行時，才在峨嵋山報國寺內發現，原來自己夢見的是「武財神」趙公明。

把武財神請回台灣後，一開始只能供奉在一間鐵皮屋內，但因為求財靈驗，信徒日益增多，六年後終改建為今日的財神廟。

不論要求正財或偏財，五路財神廟的特色便是有求必應。各行各業人士，包括做生意的、跑業務的絡繹不絕前來參拜，據廟公表示，許多企業家、老闆也都是虔誠的信徒，而且這些大老闆們出手闊綽，廟方曾受他們贊助上百萬、上千萬的捐款，可以想見武財神有多靈驗，讓大老闆們如此感激，大手筆還願。而五路財神廟裡四處可見金元寶裝飾的壁柱、金爐、石雕，甚至有忠實信徒們認捐的物品，更曾有信徒們中了大獎，偷偷地跑來還願，一次給了二十萬、九十九萬的香油錢都有；由此可見，石碇五路財神廟的信徒們對武財神的感恩之情有多高。

五路財神代表的是執掌不同財運的財神，也就是不同職業有不同的財神守護。而廟方也提供信徒們一個特殊的拜拜方式，可先找出與自己生辰八字相對應的「五行」，（若是不知道自己的五行，可先向廟方的詢問台做諮詢），而金、木、水、火、土即代表著東、南、西、北、中，信徒們便可依此選擇自己該拜東路、南路、西路、北路、中路哪位財神。不過俗話說「有拜有保佑」，信徒們也可五位財神都拜，相對而言比較保險。

※三層金元寶，財氣沖天

來到五路財神廟，別忘了摸一摸廟內最醒目的「三層黃金大元寶」，沾染財氣，吸收財運。另外，信徒們也有機會領取廟方提供的「自助式發財金」，只要能擲出聖筊，便可獲得神案上的二十元發財金，再自行出資一百四十八元，便能湊出音同「一路發」的一百六十八元吉利數字，最後別忘了拿張「平安發財符」，和發財錢一起拿著過爐三圈，回到家後，將這筆錢放在神案下供奉七日，就可等著財源滾滾來。或可和存摺放在一起，有生錢咬錢的功能。

武財神的坐騎黑虎將軍——「虎爺」，是幫忙咬錢的神獸，信眾來到五路財神廟可用自己身上的銅板和虎爺「以多換少」，有活絡錢財之意。

別忘了帶著生雞蛋和生肉（香腸）前來祭拜虎爺，而五路財神廟附近便有許多店家在販賣這些食物，提醒信眾們買些祭品，讓求財更快見效。

※發財金如何求？

首先，向正殿武財神稟明個人姓名、生辰、地址及求發財金的原因，擲筊請示神明是否同意，只要一個聖筊就可（最多只有三次機會）。神明同意後，至登記簿寫下個人姓名、地址作為依據，就可取一盒發財金（內有二十元銅板）和發財符，到爐前繞三圈過香火後，回家放置在財位、神桌、抽屜或隨身攜帶，一週後一定要把錢花掉。

在哪裡拜

地 新北市石碇區永定村大湖格 20 之 1 號
電 02-2663-3372
時 每天 7：00 ～ 18：00

交 大衆運輸／
台北捷運木柵站下，從三才靈芝農場的文山煤礦站搭乘台北客運 15、16 路，至姑娘廟站下車即可步行抵達。

開車／
走北二高轉往國道五號自石碇交流道下，接 106 道路過橋後左轉往平溪方向，至 56K 處即抵達。

北部財神廟 ❹

主祀：女媧娘娘

宜蘭大福補天宮

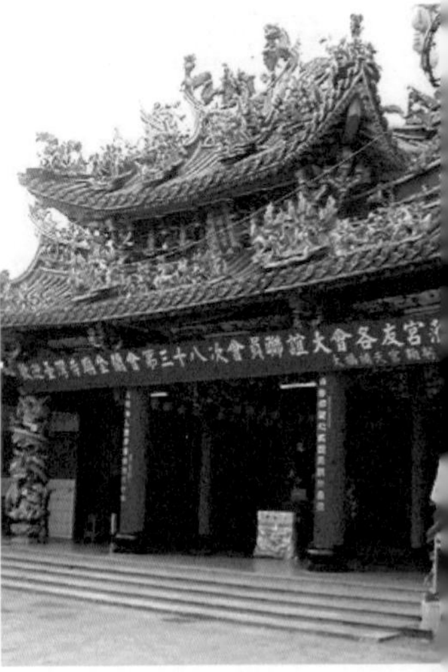

這樣拜最神

因為五路財神廟強調其為道教正宗，到五路財神廟求財的信眾，可向廟裡道士開壇補財，而五路財神廟的「補財庫」服務較為特別，首先，信眾得將自己的姓名、地址、出生年月份寫在一張疏文上，然後誠心地焚香祝告，向神明報告，最後再將疏文拿到「通天爐」焚燒。

全台唯一的女媧廟

※女媧補天，只有這一家在拜

「補天宮」，建在宜蘭，寺廟的名字乍聽之下，可能不知道主要是在祭祀哪尊神明，顧名思義，主祀神明是補天的「女媧娘娘」，為全台灣唯一一間供奉女媧娘娘的寺廟。也是台九濱海公路沿線極為特殊的廟宇，廟中主殿樑柱來自大陸，木雕作品造型極為繁複精美，許多遊客來此向女媧娘娘祈祝姻緣、生育與健康。

女媧娘娘補天的故事，流傳幾千年，而供奉女媧娘娘的廟宇，只在宜蘭，別無分號。由來也相當特別；據說女媧娘娘神蹟發威，由浙江飄洋渡海來到台灣，當時是由五名村野小孩所發現，一時間只見海面上金光閃閃，一尊神像停泊至海岸邊，五名小童前去一看，神像底部便刻著「浙江女媧娘娘」六個字。

「女媧補天」的故事人人都聽過，而女媧所補的「天穹」有如現代人所謂的「傘頂」，因此女娃娘娘也成為台灣製傘、繡補業者所祀奉的職業神。

因為女媧娘娘神威顯赫，非常靈驗，吸引全台各宮廟、寺壇的善男信女紛紛組團蒞臨進香參拜，終年絡繹不絕。因此決定擴建寺廟，改善原本的簡陋膳房，籌建一棟五層，一千餘坪的現代化美輪美奐「香客大樓」，以服務全省各地信徒。

※拜拜，終結單身

在歷史神話傳說中，女媧與伏羲為兄妹。相傳曾煉五色石以補天，並摶土造人，制嫁娶之禮，延續人類生命，造化世上生靈萬物，是捏泥塑人、賦予人類生命的中華之母，被民間廣泛而又長久崇拜的創世神和始祖神。她神通廣大化生萬物，每天至少能創造出七十樣東西。

《太平御覽》即記載：「女媧在造人之前，與正月初一創造出雞，初二創造狗，初三創造羊，初四創造豬，初六創造馬，初七這一天，女媧用黃土和水，仿照自己的樣子造出了一個個小泥人，她造了一批又一批，覺得太慢，於是用一根藤條，沾滿泥漿，揮舞起來，一點一點的泥漿灑在地上，都變成了人。」

女媧是偉大的母親，慈祥地創造了人類，又勇敢的照顧人類免受天災，還使人類男女相合，綿延後代，並制定嫁娶之禮，創建婚姻制度。不少信徒相信祭拜女媧娘娘能求得好姻緣。

補天宮於清朝咸豐年間初創，廟中木雕作品造型極為繁複精美，配祀有九天玄女以及地母至尊，來此的信眾大多希望求得好姻緣，相當靈驗。

除了主祀女媧娘娘，大福補天宮也奉祀福德正神。這裡的土地公也相當靈驗，此地不僅吸引遊客前來求姻緣、求生育，也會來求財求平安。

在哪裡拜

地 宜蘭縣壯圍鄉大福村壯濱路六段 279 號

電 03-930-1171、03-9306-171

時 全天候

交 自行開車／

①由台北至八堵，改走台 2 號省道濱海公路，過頭城，左轉經竹安、大福即可到達。

②由台北往新店台九線北宜公路，至礁溪下山，轉宜 4 線往東行，接台二線濱海公路，至大福村即達。

松山霞海城隍廟

主祀：霞海城隍爺、五路財神

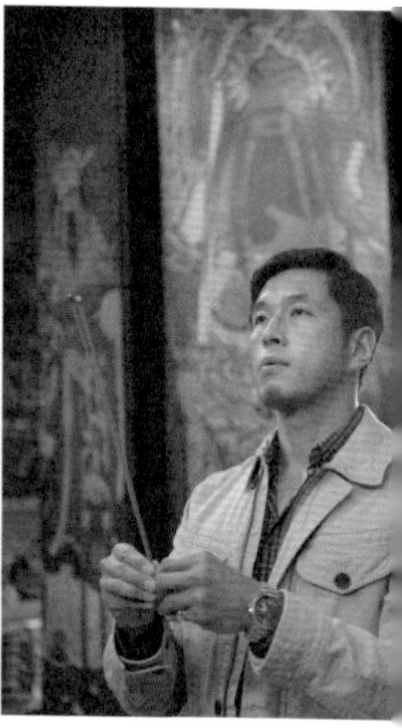

這樣拜最神

每年正月初五，也就是所謂的「接財神日」，是迎接財神爺降臨人間的日子，同時也是添補財庫的最佳時機。別忘了到霞海城隍廟拿一份發財金，拿完後記得過香爐：順時鐘繞香爐三圈，意思是祈求把好財運帶進來、錢滾錢。

股票投資請來拜

※錢滾錢必拜

全球景氣一直不見好，一般人在節流省荷包之餘，更重要的是開源，如果是有一些存款的人，都想投資讓錢滾錢，股票變成了許多人的選擇。而身為金融重鎮的台北，就有間投資必拜的財神廟——松山霞海城隍廟，讓許多信眾趨之若鶩。

松山霞海城隍廟位在台北市區內，擁有一百多年的歷史，提供信眾各類祈福的服務，包括求姻緣、補財庫、點燈求平安…等等，而每年霞海城隍聖誕千秋之日（農曆五月十三日），除舉行「松山霞海城隍老爺聖誕」祭典儀式外，更盛大舉行聖駕出巡繞境平安活動，並在前十二日夜間舉行「暗訪」夜巡，由城隍部七爺八爺以及八家將、鍾馗，深入大街小巷暗訪避邪，保佑家戶。

霞海城隍廟更是股票族最愛的超靈驗財神廟，廟內除了主祀的霞海城隍爺，配祀的五路財神是相當靈驗，有求必應，保佑信眾財運亨通、財庫圓滿。霞海城隍廟供奉的「五路財神」，屬於中路財神，中間有中路財神，還有東、南、西、北四個方位的財神，各司其職，鎮守著「進寶」、「納珍」、「招財」、「利市」等財源，因此，拜五路財神的好處便是廣納五方位錢財，有財又有庫。

※超人氣財神鬍

廟方說，「曾經有一名股友，因買賣股票資金慘遭套牢，苦惱不已，當時他來拜了財神，抓了一小撮財神鬍鬚，以紅包袋裝著隨身攜帶。誰知過了沒有幾天，他手中所持有股票連續幾天翻紅，不但解除他的資金危機，還小賺一筆股票財。」

這則故事很快地流傳到股票族當中，吸引許多股友紛紛前來拜財神、偷拔財神鬍子，導致財神爺神像嚴重損壞，廟方因此事也頭疼不已，後來總算想出一個辦法，「為了因應信眾需求，本廟於每年農曆三月十五財神聖誕日，由真人扮財神，讓想摸財神鬍子求好運的信眾一次摸個夠！」

由此可見，財神殿前供奉二尊神威赫赫的黑面武財神，兩撇小鬍子人氣超旺！

除此之外，財神廟內還有一尊必拜的「虎爺」。因為虎爺是動物神，記得得用生雞蛋和肉類祭拜。想求得好財運的信眾，可和虎爺「換水錢」，例如用一塊錢換一塊錢、或是用十塊錢換十塊錢，等值交換，心誠則靈，用意在於祈求把虎爺的好財氣帶回家。

經營之神王永慶曾說：「你每賺了一塊錢，不一定是你的一塊錢；你每存進去的一塊錢，才是你賺的一塊錢。」

這也就是為什麼要拜財神，希望我們能守得住財。只要你有財利不佳、留不住財、財庫破損、沒有財運、求財不順、工作無著，都是財運低落、財庫破損的徵兆，可選擇於每年農曆三月十五日到霞海城隍廟，也是中路財神趙明公聖誕日時，使用五方補財庫，便可讓財庫圓滿、事業順利。

在哪裡拜

地 台北市八德路四段 439 號

電 02-27652046、02-2766-0922

時 每天 6：00 ~ 21：00

交 大衆運輸 /

公車資訊：203、205、276、28、311（永福）、605、605（副）、605（新台五線）、629（直達車）、藍 7 公車搭到 " 饒河街口 " 站下車。

火車資訊：乘火車至松山火車站步行約 10 分鐘即可抵達。

北部財神廟 ❻

主祀：媽祖、武財神「玄壇真君」

板橋慈惠宮

企業家最愛

※台灣首富發跡之地

台灣首富郭台銘，因為篤信關公信仰，讓他經商致富的故事，更添上傳奇色彩。而他發跡的宗廟，並不是什麼深山仙廟，或是神祕宗祠，它就落在熱鬧的板橋。

位於台北市板橋的慈惠宮，建廟逾一百五十年，是當地歷史最悠久的一座媽祖廟，雖然媽祖廟本身已頗負盛名，是許多知名人士經常參拜的廟宇，但位在正後方還有一座財神廟，香客熱絡程度可完全不亞於慈惠宮！據說當年郭台銘的老家就在慈惠宮後方的警察宿舍，從小就會和爸媽一同去慈惠宮拜拜，除了因郭台銘常去而爆紅的關渡宮，慈惠宮也是郭台銘至今每年都定期參拜的廟宇。郭台銘的發跡故事，也這座財神廟最為人所津津樂道的，也因此吸引各大企業家、大老闆聞風前來參拜求財。

板橋慈惠宮是板橋地區最早的媽祖廟，位於台北市板橋縣府中路、板橋林家花園旁，主祀神位天上聖母，是板橋地區的信仰中心之一，更成為許多政治人物前來朝拜的廟宇。每年媽祖聖誕（農曆三月二十三日），慈惠宮都會舉行盛大的廟宇活動，各地的信徒香客綿延不絕，香火鼎盛，是聞名台灣的廟宇之一。

板橋慈惠宮現貌為三層樓的建築，一樓正殿供奉天上聖母、千里眼和順風耳，旁祀「五年千歲」和「五府千歲」，後殿則是「太歲殿」，主祀斗姥元君和六十甲子太歲星君，因此有許多信眾來慈惠宮安太歲，祈求平安。

二樓的正殿供奉的是「鎮殿媽祖」和「客座媽祖」，後殿則為「三界殿」主祀三界公、才光明佛和註生娘娘。三樓正殿為「凌霄寶殿」，主祀道教中地位最高的玉皇大帝，旁祀掌管日運行的太陽星君，與掌管月運行的太陰娘娘，還有「駐生」的南斗星君與

「駐死」的北斗星君。

※傳奇的「財位」

板橋慈惠宮大約起源於清朝咸豐年間（西元一八六〇年），林國芳先生從新莊的慈祐宮分來媽祖香火，但當時由於廟宇尚未興建，因此先將神像暫祀在「板橋接雲寺」，直到清朝同治年間，林維源先生和陳元瑞、林潤波、楊早明等人計畫建立廟宇以安置神像，並於隔年完工。

板橋慈惠宮曾進行兩次翻修，失去原本廟宇格局，改建成三樓層的現代水泥樣式，與一般傳統中國式廟宇建築非常不同。

慈惠宮財神廟奉祀武財神「玄壇真君」，在建廟以前，正是台灣首富郭台銘老家的位置，附近店家更相傳，郭台銘小時候睡覺的床位就是今日財神廟的「財位」所在，也為這「財位」更增添了一股傳奇性色彩。

到板橋慈惠宮除了拜拜求財以外，還可以去板橋接雲寺、板橋農村公園、大漢溪河濱公園、板橋大觀義學、板橋假日花市、板橋林家花園、現代陶藝館等旅遊景點，或是到南雅夜市吃奶瓶爆米花、水煎包、煉乳銀絲卷、鮮蚵料理、螃蟹熱炒等美味美味小吃，求財求福又有得玩！

在哪裡拜

地 新北市板橋區府中路 81 號
電 02-2965-0014
時 每天 5：00—22：00

交 大衆運輸／
公車：搭乘 254、208、202、248、249、604 至西門街站，往府中路方向步行即可到達板橋慈惠宮。
捷運：搭乘捷運板南線至府中站，出一號出口往府中路方向步行即可到達板橋慈惠宮。

自行開車／
①國道一號：由五股交流道下，往新莊方向行駛接台 2 線轉思源路並過大漢橋，至民生路三段、西門街和府中街即可到達板橋慈惠宮。②國道三號：由中和交流道下，往板橋方向續行至民生路一段、西門街和府中街即可到達板橋慈惠宮。

北部財神廟 7

法鼓山

淨化人心的福地

※擊大法鼓，安樂平靜

一走進座落於新北市金山區三界里的法鼓山，立刻就能感受到與其他廟宇不同的寧靜氛圍。

法鼓山的「法鼓」二字命名源自於《妙法蓮華經》：「惟願天人尊，轉無上法輪，擊於大法鼓，而吹大法螺，普及大法雨，度無量眾生，我等咸歸請，當演深遠音。」所謂「擊大法鼓」就是敲響佛法淨化人心的鼓聲，使人心獲得安樂與平靜。

由於法鼓山的地理山勢形貌，與一個縱臥的大鼓極為相似，也就引據經典中的比喻，用與鼓相似的型貌命名，而「法鼓山」之名也因此誕生。與其他廟宇不同，主要從事關於社會教化、心靈輔導以及社會關懷等公益活動，其淵源是來自北投中華佛教文化館的創辦人「東初老人」，推行台灣佛教文化，在圓寂坐化前遺命弟子聖嚴法師繼承法務，進而率眾弟子創建今日的法鼓山。

※鎮山之寶「法華鐘」

來到法鼓山，除了欣賞大自然的壯麗以及佛寺的莊嚴外，絕對不能錯過的正是法鼓山世界佛教教育園區落成時，被視為鎮山之寶的「法華鐘」，鐘型為唐式，主要是以青銅鑄造而成，鐘的內外鐘面上都有刻上一部《妙法蓮華經》，共六萬九千六百三十六字、《大悲咒》一卷共四百二十四字以及「多寶塔雙佛並坐圖」一幅。當初是委託日本「老子株式會社」製作。

法鼓山的整體建築主要以褐、灰、白三色為主色調，代表的意義源自於「大地的禮讚」，呈現出佛教沉穩安定的特色，除了群山環抱、居高臨下的地理優勢外，更有溪濱、祈願以及朝山三條步道引導各方信眾上山。如此得天獨厚的條件，在聖嚴法師的引領下，集合十方功德，建立起了一個整合教育、修行與文化的「法鼓山世界佛教教育園區」。

※新世紀生活標竿

法鼓山在創辦人聖嚴法師的帶領下，提出「四環」、「心五四運動」以及「心六倫」等觀念，所謂的「四環」，主要想闡述的理念是以「心靈環保」為主體，從心出發、由內而外、推己及人進而擴大到社會、人類等各界的關懷；而「心五四運動」是指「四安」、「四要」、「四它」、「四幅」與「四感」，其意義主要是在提倡「四環」的十年後，整合歷年來提出的重要觀念，做為二十一世紀人類的生活標竿。

在聖嚴法師的眾願成就下，更曾提出一個共識：「信佛學法敬僧，三寶萬世明燈。提昇人的品質，建設人間淨土。知恩報恩為先，利人便是利己。盡心盡力第一，不爭你我多少。慈悲沒有敵人，智慧不起煩惱。忙人時間最多，勤勞健康最好。為了廣種福田，哪怕任怨任勞。布施的人有福，行善的人快樂。時時心有法喜，念念不離禪悅。處處觀音菩薩，聲聲阿彌陀佛。」說明若能從理念上提昇人的品質，建設人間淨土。

在精神上奉獻我們自己，成就社會大眾。在方針裡回歸佛陀本懷，推動世界淨化。最後，落實的方是提倡全面教育，落實整體關懷，期許能夠為普世帶來和平共修的力量，特別在一九九〇年聖嚴法師曾寫下「四眾佛子共勉語」，更能看得出這分宏願的力量與決心。

在哪裡拜

地 新北市金山區三界里 7 鄰法鼓路 555 號

電 02-2498-7171

時 每天 9：30~17：00

交 大眾運輸／

搭高鐵或臺鐵至臺北站下－轉搭國光客運（往法鼓山）至法鼓山站下。

開車／

國道 3 號－基金交流道下－省道臺 2 線

北部財神廟 8

主祀：彌勒祖師、五路財神、文武財神、濟公

金山五路財神廟

這樣拜最神

求開運金→求財寶袋，過爐三圈→拜文財神或武財神，放名片。

樂透富翁請來拜

※拜財神，成樂透富翁

樂透每個禮拜都開獎，人手一張希望無窮，但是買來買去，好運總是落不到自己頭上?或許可以來金山五路財神廟，找找財神爺拜拜，或許下一次幸運得主，就是自己。

「北金山，南竹山（紫南宮）」，說的分別是南北兩座最負盛名、香火鼎盛的靈廟。金山五路財神廟的興建過程相當傳奇，據說是財神爺親自顯靈，指示股市大亨鄭楠興替祂蓋廟；曾不斷有高人和廟公向鄭楠興提醒：「財神爺要你蓋廟，你怎麼還沒動工？」鄭楠興於是向玉皇大帝確認，果真一連擲得六個聖筊!就在蓋廟之際，鄭楠興便收到財神爺賜予的大紅包，在股市行情一片慘綠中，鄭楠興手上的幾支股票大漲，大賺一筆，從此立志要做財神爺的「終生志工」。

北部的金山五路財神廟位於金山、萬里兩區交界處，主祀五路財神，就風水學來說，寺廟現址位於有財穴之稱的「虎耳穴」上，如同「萬金之穴」。廟內對聯便寫著：「坐擁金山銀山寶山，俯瞰萬里千里財寶。」、「萬里財寶何處求，金山靈氣金財神。」

雖然廟方表示不鼓勵信徒求偏財，但財神廟自二〇〇二年創立至今，已有兩三名信徒中樂透彩二獎，中獎後均回到廟裡還願，聽聞其中一名還是廟方人員；由此可見，金山五路財神神力的確名不虛傳。

※迎富送窮，財運亨通

除了五路財神、文武財神之外，還有負責「迎富」的彌勒祖師，與負責「送窮」的濟公。信眾在拜拜前，別忘了取下濟公的寶扇，過爐三圈後，往自己身上拍打，搧走所有的晦氣與壞運，如此一來才能接到彌勒祖師所賜的財氣。除此之外，更別忘了摸一摸彌勒祖師的「財寶肚」，保祐財運日日亨通。

※財神銀行，借錢轉運

全球首創的「財神銀行」便是金山五路財神廟的特色。由財神爺「開設」，信眾開戶則類似是「安財位」，稟報姓名、住址、農曆生辰及職業，一年存放三千六百元；之後若是財運不夠用時，可向財神爺借款，借款金額依照擲筊結果而定，擲茭時，同時擲三對筊。一個聖筊可借一百元開運金和財氣、二對聖筊可借二百元開運金……以此類推。

貸得的現金款項回存於常用銀行戶頭，也可作為開運母錢。

※開運金讓錢滾錢

在財神銀行戶頭裡的母錢等於「開運金」，也是金山五路財神廟「求三寶、得三寶」的其中一寶，將開運金存入一般銀行戶頭，可望錢滾錢，財運蒸蒸日上。第二寶則是「財寶袋」，只要擲得聖筊，便可獲得財寶袋，別忘了過爐三圈，增旺財氣。第三寶是「文武財氣」，依據不同職業，有的該拜文財神或武財神，拜過後，可以在聚寶盆內放上一張名片，讓財神爺加持，最後再將求得的財氣存入財神銀行存摺，可望財氣滿盈。

開運錢如何用？

可將「財神銀行存摺」與一般銀行存摺放在一起，增強財氣，另外每提領一次「財氣」，廟方還會在存摺上蓋上財印，讓信徒留意自己的財氣多寡。

在哪裡拜

地 臺北縣萬里鄉公館崙 52 之 2 號
電 02-2498-1186
時 每天 7：00~21：00

交 大衆運輸／
台北搭公車到金山。再搭計程車前往，此沒有公共交通工具。記得要留下當地計程車的電話以免無車可搭下山。

開車／
台 2 線濱海公路至金山外環道上台 2 線濱海公路 42.2 公路處有上圖「金山財神廟」指標往內，沿著指示牌往內即可到達。

北部財神廟 ❾

主祀：武財神

南崁五福宮

這樣拜最神

每年的三月十五日，也就是武財神的誕辰日，別忘了摸一摸「天爐」，可以沾染財氣。

最老的財神爺

※古老的財神廟

中國人愛拜拜、愛求財，只要是祭祀財神爺的廟，都有死忠的信眾，足跡遍佈各個縣市鄉鎮，但是，中國第一位財神爺是誰？最老的財神爺，又有多老？答案就在「南崁五福宮」。

全台灣最古老的財神廟則是「南崁五福宮」。五福宮為台灣三級古蹟，陸續經過多次修建，已有三百多年的歷史，主祀神明為玄壇元帥，也就是民間所稱的「武財神」趙公明（中五路財神），同時也是中國第一位財神爺。

話說趙公明原是終南山人，武王伐紂時驍勇善戰，為國捐軀，後被追封為「元帥」，到了天庭受玉皇大帝封為「中路武財神」，率領手下四路財神，掌管人間一切金銀財寶，由於他法力高強，能呼風喚雨、降龍伏虎，加上強悍的個性使他和手下們辦事特別快，因此最適合經商、生意之人參拜，可望迅速改善經濟狀況。

傳說中，當時鄭成功的軍隊攜帶著玄壇元帥的香火，駐紮於五福宮現址，離去時忘了將香火帶走，夜間被附近居民看見此處有亮光，以為是神明顯靈，於是在此搭建茅廬做廟，供奉參拜，由於信徒日漸眾多，才改建成廟宇，現今也是桃園縣境內最古老的寺廟。

※搶頭香、摸天爐，財氣滿滿

不論想要求正財或偏財，都可到南崁五福宮拜「武財神」趙公明，尤其是每年的三月十五日，也就是武財神的誕辰日，信眾絡繹不絕，都是來供奉財神爺，請財神爺賜與財富。

如果是第一次來到五福宮，只要遵守三個簡單祭拜的步驟，就能祈求財運：

1.自備供品（餅乾、水果），拿取廟內金紙、點三柱清香，將供品放於天井中的供桌上。

2.跟武財神說明姓名、住址、所求何事，隨後將香插入香爐中。

3.最後，到外頭的大金爐焚燒金紙，神明就會保佑你！

基本上，五福宮沒有特殊的拜拜禁忌，廟方還貼心的免費提供「武財神公仔」，可以到至香爐過香後，掛於任何地方，當作隨身的求財小物。

五福宮的人氣之旺，每年大年初一時，眾多信徒擠破了頭想搶得頭香，具有三百五十多年歷史的南崁五福宮，已是當地人的信仰中心，也是台灣數一數二的求財聖地，每年的參拜者絡繹不絕，廟方更表示，包括許多本土演員、歌手都是五福宮的忠實信徒，像龍劭華、陳盈潔、劉曉憶……等等，都會特別前來五福宮參拜。

南崁五福宮坐落於虎頭山山脈下，建築造型屬於傳統硬山式建築，天井錯落，院落式的街屋夾雜於迴廊間，古色古香。

除了「玄壇元帥」神像是廟內保存最久的文物，清朝道光年間所留下的古香爐也是鎮宮之寶，上頭有古代一流工匠所雕刻的「金錢圖像」，具有聚寶納財、豐厚財庫之意。

在哪裡拜

地 台灣桃園縣蘆竹鄉五福路 1 號
電 03-322-7521
時 每天 5：00~21：00

交 大衆運輸 /

桃園搭車者請於桃園火車站搭乘往南崁方向之客運車，於南崁站下車步行約十分鐘即可抵達。
台北搭乘者請搭乘往桃園機場經南崁之客運車，於南崁站下車步行約十分鐘即可抵達。

開車 /

自行開車請於中山高南崁交流道下，往南崁方向走中正路，右轉南山路、仁愛路，抵五福路直行即可抵達。

北部財神廟 10

主祀：八路武財神

桃園新屋八路財神廟

這樣拜最神

若是想求樂透彩、威力彩名牌，可以拜廟裡的韓信爺，將廟方準備的金紙放入水盆後，就會有號碼浮現。

用麻糬拜才賺錢

※創廟傳奇

桃園新屋的八路財神廟，創建人曾春榮先生原本是商人，卻在經商失敗之後，與財神爺有段奇遇，造就桃園八路財神的創廟傳奇，往來信眾絡繹不絕！

曾春榮先生原本做著販售金紙的生意，在南部旗山開設頗具規模之金銀錫箔紙店鋪，生意鼎盛，因家中篤信道教，在父親耳濡目染之下，對道教也非常熟悉，後來金紙生意一落千丈，幾乎破產，經商失敗後，他至大陸旅遊考察，遇見一白髮老者好心相助，授予古代傳說的「八路發財金」製造方法，只囑咐切勿辜負神恩。曾春榮千謝萬謝，原本想要回贈謝禮，老人卻堅持不可，認為這是神的旨意，只要回台灣後，好好地敬奉「八路武財神」，就是最好的回報。

回台後，曾春榮先生將「八路武財神」神明指點的「八路發財金」銷售各地，果然受到廣大迴響。一日夜裡收到財神爺在夢中指示，需建廟奉祀，於是便以八路發財金所賺取的獲利，於桃園新屋建立八路財神廟，後更分靈至澎湖馬公，南北信徒日益增加，可見八路財神爺有多麼靈驗。

※拜麻糬，求名牌，會賺錢

新屋八路財神廟建立大約十多年，卻已是威名遠播、香火鼎盛，「拜麻糬，會賺錢」，許多信徒都會帶著麻糬祭祀財神爺。若是要帶祭品給韓信爺，出於避諱，切記不要選擇雞肉或是含有雞肉的供品，因為歷史上韓信曾受胯下之辱，並遭人譏笑「手無縛雞之力」，韓信再也不吃雞肉。

在廟宇正門便可看見兩隻象徵富貴的金色招財龍，可依其龍身造型看出八路財神的「八」。而廟方將傳說中的「八路發財金紙」以金箔做成，人氣最夯，但信徒們需要先擲出聖筊，才能獲得這份獨家非賣品。

來到桃園新屋八路財神廟，各行各業都適合參拜，民眾拜五路財神廟時，需看自己的職業而選擇拜哪一路財神，而八路財神廟最出名的，便是廟內有能求取「明牌」的無字天書。據說因此中獎的信徒不在少數，使得八路財神廟聲名大噪。

※心誠，十五天就靈

除了求財信徒眾多，廟內供奉的天蓬元帥也吸引不少演藝界人士前來祭拜，就在神像的後方牆壁上，貼著來自四面八方的名片，特別是業務員，都希望能多受財神爺眷顧。

幾乎每個財神廟內都可以和財神爺大錢換小錢，將小財當作開運金或錢母，廟方特別表示，到新屋八路財神廟，除了帶著一顆誠心祭拜財神爺，還必須謹遵孝順父母、尊重生命這兩項原則，所許的願望才有可能在十五日之內有所變化。

據傳有位負債五千萬的信徒，在拜了八路財神爺後，一夕翻身大賺七千萬元！顯現新屋八路財神廟的財神爺特別靈驗。

什麼是「八路」？

「八路」指的是「天、地、人、東、南、西、北、中」，多供奉了四名金匠、四名銀匠，因此稱為八路財神。

在哪裡拜

地 桃園縣新屋鄉30-11
電 03-476-6106
時 每天8：00—18：30

交 **大眾運輸／**
中壢火車站搭乘桃園客運→往後湖的車→到榕樹下站下車即可看到八路財神廟

開車／
新屋交流道下→往新屋方向（20公里左右）→看到永新加油站（左轉）→就是西濱公路台15線．本廟於57.1公里處，即可看到新屋八路財神廟

烘爐地

北部財神廟 11

主祀：土地公、五路財神

這樣拜最神

另外一項求財妙招則是「換錢母」，信眾可以到聚寶盆投入硬幣後，手摸聚寶盆並想著招財進寶，再從盆前虎口處拿回開運母錢，將母錢與平安符一併放入紅包袋中，到香爐過火即完成。

Always open

※永遠都開門

說到台灣北部的財神廟，烘爐地絕對在必拜名單中，也就是位於新北市中和區的南山福德宮，可說是財神妙中的便利商店，跟7-11一樣，always open。

位在南勢角山麓上的福德宮，山頂平坦開闊，登上四百五十二階台階後可俯瞰台北盆地，遠眺觀音山和淡水河出海口，風光明媚，尤其是出名的美麗夜景，夜幕低垂依舊吸引眾多人潮，香客絡繹不絕。

烘爐地為何會被稱作「烘爐地」呢？據廟方解釋，「因廟址後方及左右兩側，各突出一塊山頭，三足鼎立狀似烘爐，而廟下方五十公尺處聳立一塊巨石，依地理風水而言，如得烘爐之火母，生生不息，故本地又稱為烘爐地。」烘爐地有著醒目的土地公神像當地標，不僅罕見，更是全台最大的土地公神像，夜間時也可看見燈光明亮的土地公神像；烘爐地有著二十四小時開放的正廟，而正殿內同時供奉著土地公和土地婆，極為難得，香客們到此不訪仔細瞧瞧。

※甜點是土地公最愛

烘爐地財神殿上祀奉著五路財神，五路財神來進財，正殿主祀神明為福德正神；古代尊稱土地公為「社神」，春天向其祈求豐收，秋天予以答謝，專職除了鎮守地方外，也是保護平安、賜財賜福的神明，護守農事豐收、商務興隆，各行各業皆可祈求。

每年農曆二月初二，也就是土地公聖誕時，烘爐地總是擠滿了香客，人數往往上看萬人，希望能求得好財運，獲得土地公一整年的保佑。除了準備鮮花素果、牲禮祭品來敬拜土地公，據說烘爐地土地公公也喜歡吃甜食、冰淇淋，信眾們別忘了下次可帶些甜點來當供品。

※這樣拜最靈

烘爐地最有名的求財方法是「大錢換小錢」的土地公神像，也被稱作「換庫錢」，信眾可從土地公手上的元寶處投入硬幣，摸摸土地公的鬍子、拐杖、元寶後，再從土地公的袖口取出錢母，帶回家招財納福。別忘記求個發財包，將求得的錢母放進去，過香爐三圈再帶回家，祈求一整年的工作順利，財源滾滾來。

因為極為靈驗，許多百貨公司的樓管人員和櫃姐、房仲、保險業業務……等等，都會來到烘爐地求財，向土地公祈求業績長紅。

在哪裡拜

地 南山福德宮：台北縣中和市興南路二段 399 巷 57 弄 160-1 號
竟南宮仙宮廟：台北縣中和市興南路二段 399 巷 60 弄 136 號

電 02-2942-5277、02-29413926

時 南山福德宮：24 小時開放
竟南宮仙宮廟：上午 04：30 至晚上 07：30

交 大衆運輸／

1. 南山福德宮
聯營 249、809，於烘爐地站下車，沿登山步道步行約 2 公里捷運南勢角站搭乘捷運接駁公車（自強國中－烘爐地），於山頂烘爐地停車場下車，沿登山步道步行約 100 公尺。
2. 竟南宮仙宮廟聯營 249、809，於烘爐地站下車，沿登山步道步行約 1.5 公里捷運南勢角站搭乘捷運接駁公車（自強國中－烘爐地），於竟南宮站下車.

開車／

1、國道三號：由中和交流道下，右轉中正路前行至南山路右轉，再接興南路直行即可到達中和烘爐地。

北部財神廟⑫

主祀：土地公

景福宮

外國人都想看的土地公

※台北不只有小吃，還有土地公

有人說，台灣最美麗的風景，是人，或許同樣美麗的景點，是神。景福宮因為承載著這樣的文化精神，而成為國外遊客必經之地。

當外國朋友來到台灣，除了逛夜市、吃小吃，也可以特別來拜土地公，體驗體驗中華文化在地精神。

景福宮是台北市最大的土地公廟，緣起於一八七五年，已經有一百多年的歷史。有趣的是，因為位於台北市中山區，也就是許多國外遊客下榻的飯店地區，景福宮三層樓的宏偉建築，常吸引著喜愛中國傳統文化的觀光客駐足欣賞，對景福宮的建築特色嘆為觀止，因此景福宮不僅是求財必拜的廟宇，更逐漸成為重要觀光景點。

創建於清光緒元年，景福宮起先只是一座兩坪大的小廟，但因為絕佳的地理位置，使得景福宮香火日益鼎盛，也因為感應靈驗，士紳信眾發願擴建，如今成為全台北最大土地公廟。於西元兩千年重建後，景福宮在建築雕刻上極為講究，光是牌樓上就能看到精緻的石雕藝術，圍牆兩旁的宮廷燈飾，讓入夜後的廟宇和街道更顯得古色古香。

※元寶＋如意，求財保平安

中國人自古相信「有土斯有財」，土地公是人們對於自然的尊敬崇拜，因所以對於「土地神」的信仰逐漸普及。

景福宮的土地公比較特別，手拿元寶和如意，讓信眾們求財得財、求福得福、求平安得平安，心想事成，事事如意，因為求財極為靈驗，景福宮同時是金融、建築及保險業祈求事業順利，和業務必拜的廟宇。

從農業時代開始，傳統俚語所說的「田頭田尾土地公」、「庄頭庄尾土地公」，甚至是「街頭街尾土地公」等等的諺語，都印證了土地公在社會上是相當重要的神祉。景福宮周邊的商家，於每月的初二、十六，都會前來向土地公祭拜，祈求財運亨通、生意興隆，等於是他們的當地財神。

除了商人之外，景福宮的特色是也吸引不少藝人前來參拜，例如胡瓜、江蕙，這些演藝圈的大哥大姐們，都曾用本名捐贈景福宮，協助廟方重建。胡瓜就曾說過，自己能在演藝界這樣一路走過來，都是受土地公的保佑。

景福宮的董事長劉福雄表示，自己也受土地公庇佑，深感土地公的靈驗；當年在參選里長時，戰況激烈，他便和土地公擲筊請示，土地公回應他不要放棄、繼續努力，最終真的贏得選舉。

土地公有幾種？

一般來說，土地公有兩種，手持拐杖的土地公專職保平安，手持元寶的則是讓信眾求財之用。

在哪裡拜

地 台北市中山區德惠街 11 號
電 02-2596-9325
時 週一至週日 6：00~21：00

交 大衆運輸／
1、鐵路→台北火車站，北出口乘公車至林森北路下車
2、捷運→民生西路捷運站至林森北路
3、公車→公車 208、246、522

開車／
中山高速公路→重慶北路下交流道→重慶北路→林森北路。

北部財神廟⑬

主祀：城隍爺

新竹都城隍廟

這樣拜最神

城隍廟裡也有提供「補財庫」的服務，1 次 2000 元，約需半小時，只要備妥生辰八字後，請示城隍爺，城隍爺便會依天、地、水明示各補多少，參拜後就完成了補財庫的動作。

最大咖的城隍爺

※官階最高好威風

城隍爺掌管陰陽兩界，人世間的風吹草動，它都看在眼裡。俗話說「人在做，天在看。」因此信徒開始祭拜城隍爺，希望他為凡間的是非冤屈，主持公道與正義。

新竹都城隍廟威名遠播，內部掛有清朝光緒皇帝的親筆金匾，同時也是全國位階最高的都城隍所在，已經有二百五十年的歷史，廟內奉有官位最高的城隍爺，身旁協助的副將最多，因此包辦的事情也相當多樣，服務多元也相當靈驗，自然而然地信眾絡繹不絕，紛紛前來祈求城隍爺的幫助。

主祀神明城隍爺兼管陰間事和陽間事，職責像是警察、檢查官及法官的綜合體，管理人間善惡之記錄、通報、審判、移送之職，通報地府什麼人做了什麼壞事，也通報天庭行善之人的事蹟。城隍爺在陽間懲兇罰惡、導正社會風氣，而閻王的生死簿也是據城隍的通報記錄登載人的一生善惡。

據聞，曾有人到城隍廟斬雞頭宣誓：「若所言非真，將會被車子撞死。」結果，一走出廟門就真的就被車子撞。

※彩券行也瘋城隍

新竹城隍廟旁的彩券店，特別受財神眷顧，開出頭獎的機率特別高，很多樂透大獎可都是從這裡開出來的。從民國九十一年至今，已開出九次各式頭彩，不少香客便是看準這點，專程前來求財，也形成風城的另類觀光特色。位在城隍廟對面的彩券行老闆表示，有客人在投注前，會先掏錢對著城隍爺膜拜，口中念念有詞，或是拿著剛買好的彩券，立刻到城隍廟裡「過爐」，希望能夠為自己的彩券沾染多一點財氣。

根據二〇一一年新聞報導，新竹城隍廟附近就開了八間彩券行，剛好的是附近銀行數也總共有八間，數字「八」的音接近發財的「發」，更加讓人相信這是一塊財氣匯聚之地，而許多遊客前來新竹城隍廟，除了吃美食、逛古蹟，也就習慣在附近彩券行買個兩注再離開。

※寺廟藝術的高峰

根據歷史記載，新竹都城隍廟於清朝乾隆年間創建，極具建築特色，是出自當時泉州名匠王益順之手。

福建可說是全中國手工業最發達地區之一，自古以來木石匠業發展蓬勃，而光緒末年，王益順脫穎而出，為當時最卓越建築流派代表人物，前來台灣修築新竹都城隍廟。據廟方表示：「新竹城隍廟的建築雖為一九二四年改築後之結果，在台灣寺廟史上具有多方面的價值，它代表著一九二〇年代寺廟藝術的一個高峰，出自泉州溪底派名匠王益順之設計與建造，這一派的寺廟在台灣以台北龍山寺與孔廟、鹿港天后宮及南鯤鯓代天府為代表作。」

來到新竹城隍廟，可以求財、求姻緣、求平安，除了拜主祀的城隍爺，也別忘了要拜城隍夫人。城隍爺比城隍夫人大七、八十歲，可是對太太疼愛有加，香客們可對城隍夫人祈求，找到與城隍一樣疼太太的另一半。

在哪裡拜

地 台灣新竹市北區中山路 75 號

電 03-522-3666

時 每天 5：00—22：00

交 大眾運輸／

1. 客運：由新竹火車站對面新竹客運總站搭乘 11、11 甲、21 號公車至城隍廟站即可抵達。

2. 高鐵：搭乘高鐵至高鐵新竹站，轉乘接駁車至東門市場站在往前步行即可到達新竹都城隍廟。

開車／

中山高新竹交流道下，沿光復路往新竹市區方向，左轉中華路直行抵火車站，右轉中正路至東門圓環，順東門圓環向左直行即可抵達。

北部財神廟 14

主祀：觀世音菩薩、文財神比干、武財神趙公明、國姓爺

蘆洲湧蓮寺

神蹟無數

※最繁華的街道，最虔誠的信仰

在蘆洲最繁華的街道上，湧蓮寺為當地居民的信仰中心，俗話說：「有廟就有市。」廟宇，不僅是大眾的心靈寄託，也帶來大量人潮，造就一時繁華。湧蓮寺有著一百五十多年的歷史，全國各地都有信徒不辭千里，遠道而來參拜，神蹟多不勝數。

踏進湧蓮寺寺門，廟門口左右兩尊護法，莊嚴雄偉，高約一丈且全身以青銅精鑄而成，韋馱護法手上拿著寶劍，伽藍護法則是持槍托塔，神像雕塑技藝精湛，威風赫赫，是當代不可多得的青銅作品。

湧蓮寺於清同治年間建立，主祀觀世音菩薩，原名為「佛祖宮」，又因地屬蓮花穴，後取名為「湧蓮寺」。寺內供奉的觀音佛祖尊像，源起於浙江秀隱寺，兩位比丘攜帶佛祖尊像，出海至外地化緣，卻遇颱風而漂流至淡水，後佛祖顯靈，示意欲進駐蘆洲現址，廟宇便背靠觀音山正峰而立。

※「雀替」，見百年建築之美

湧蓮寺早期極富盛名，吸引來自外地的富商前來參拜，因當時要到蘆洲須搭船到新莊港口，舟車勞頓，曾有富商建議將湧蓮寺遷移至交通較為便利的新莊，但是多次請求後得不到神明應允，甚至三次敲鑼打鼓迎神，三次皆遇暴雨，再次請示神諭，依然不得允許，只能作罷，而神明也才能造福蘆洲鄰里百餘年。

寺廟的百年建築，崇高華麗，不管是飛龍翔鳳剪黏，或是正殿的龍柱、圍牆窗花銅雕，皆可慢慢欣賞蘆洲古寺的建築之美，而湧蓮寺建築的最大特色，就是金碧輝煌的各式藻井，還有廟宇中較為罕見的飛天樂伎造型的「雀替」。

※心誠則靈，拜出一間房

財神殿內奉有文財神比干、武財神趙公明。剛成立約一年時，曾有名信徒日日前往蘆洲湧蓮寺拜拜，突然一日有感而發，請求神明保佑，解決經濟窘境，順利清還房貸，甚至希望能再購買一間房子，一擲筊後居然是聖筊，神威果真顯靈，於年底信徒如願，遂闔家前往湧蓮寺還願。

蘆洲湧蓮寺附近的攤販商家特別多，也時常會來祈求財源廣進、生意興隆，香客至此也不可免俗的掛上祈福牌，可向財神爺祈求事業成功，財源滾滾來。

※國姓爺顯靈

湧蓮寺除了財神興旺，早年更有許多神明庇佑、幫助鄉民躲過劫難的事蹟。清朝年間，蘆洲地區遭漳州人犯境，鄉內壯丁前去淡水支援泉州人抵禦海盜，村內父老手足無措之際，「國姓爺」顯靈，指點讓鄉內婦女假扮士兵，嚇退外敵，並連夜招回壯丁，最後竟取得勝利。

為了感念「國姓爺」，居民們將之奉於湧蓮寺後殿，且每三年替「國姓爺」舉行建醮，儀式盛大隆重，是當地一大慶典，更是全台除台南延平郡王祠以外，唯一僅有。

寺廟可以住進香客嗎？什麼是雀替？

寺廟有沒有提供住宿，觀察韋馱護法就知道。若韋馱護法寶劍向下，表示該寺不提供膳食和住宿，湧蓮寺即是如此；若寶劍扛在肩膀上，就表示有提供住宿膳食。關於雀替，可以叫做「插角」，也可以叫做「托木」，通常被置於建築的橫材（梁、枋）與豎材（柱）相交處，兼具支撐穩定及裝飾的功能，較為常見的造型是龍鳳或是人物。

在哪裡拜

地 台北縣蘆洲市得勝街 96 號

電 02-2281-8642

時 每天 7：00-23：00

交 大衆運輸／

搭乘蘆洲線在三民高中站下車，出站後請由一號出口往右邊復興路至中央路左轉， 走到得勝街再右轉直走即可到達

中部財神廟❶

日月潭文武廟

主祀：文昌帝君、關聖帝君、岳武穆王、孔子

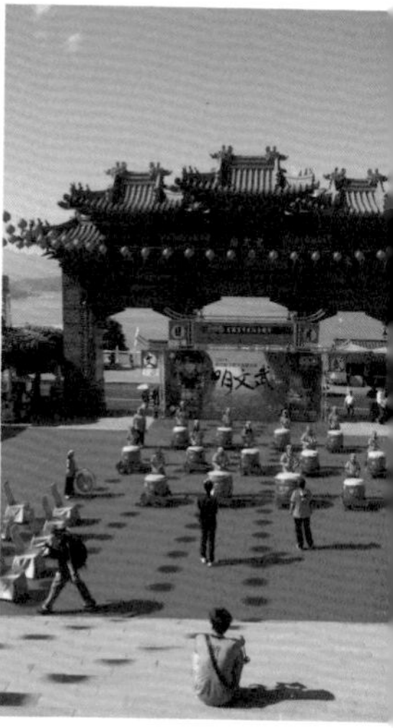

這樣拜最神

花 100 元香油錢，就可以購得「天祿神鈔」及 2 支塗著金漆的檀香金香，誠心向關聖帝君上香祈求後，將神鈔順時鐘繞香爐三圈，放入皮夾中隨身攜帶，可帶來好財運！

天子之廟

※蔣公欽點，氣勢非凡

作為全台知名的求財廟宇，文武廟就坐落在日月潭北面山腰，它是先總統　蔣公欽點擴建的「天子之廟」，氣勢宏偉不同凡響。是來到日月潭旅遊，在欣賞湖光山色秀麗景緻之餘，絕不能錯過的經典景色。

重建時期，先總統　蔣公曾七度親臨諭示：「氣魄要大，廟埕宜寬，並以前、中、後三殿式，北朝式宮殿建築興建。」

雄偉的建築發揚文武廟的宏大精神，向文武廟望去，最先奪人目光便是高聳挺拔的北朝式「山門」牌樓，尊貴之氣令人望而生敬。氣勢磅礡的建築格局和日月潭的浩瀚山水，烘托文武廟的恢弘壯麗，而廟內樑柱雕刻細緻精美，吉祥瑞獸用色鮮豔華美，令人目不暇給，文武廟的建築之美，真正值得你停留駐足，細細欣賞。

※商聖保佑，又富又貴

文武廟內祀奉「武聖」關聖帝君，和文昌帝君。「武」字來自關聖帝君，又被稱作「武財神」，「文」字的來由就很特別，乃是因為文武廟也供奉被稱為「文財神」的范蠡，在國內廟宇中算少數。

在中國農業時代，范蠡便有著商業思考模式，精通貿易策略，在民間被稱作「商聖」，「冬天買薄紗，夏天買皮裘」便是形容范蠡利用反市場操作賺大錢，但范蠡不僅只圖榮華富貴，更懂居安思危、明哲保身，往往散盡財貨，以造福身邊親友及貧寒之士。

文武廟除了供奉瑞獸「天祿」之外，轉運金也取名為「天祿神鈔」，正面是正氣凜然的關聖帝君頭像，背面則印著招財化煞的瑞獸「天祿」，印刷十分精美，因此大受民眾歡迎。

※石獅子全台僅三座

漫步廟埕，兩隻巨大的朱紅色石獅鎮守左右，引人注目，當地人稱為「吳火獅」，便是得名自捐贈者新光集團的創辦人「吳火獅」，全台僅三座，又以日月潭文武廟石獅最大。

日月潭文武廟前後分為三進，分別是拜殿、武聖殿、大成殿，供奉來自儒、釋、道的諸位神明。前殿二樓的「水雲宮」，祀開基元祖及文昌帝君，中殿武聖殿，主祀關聖帝君和岳武穆王，後殿大成殿，則祀至聖先師孔子，隨侍於側的顏子和曾子神像，長相左右。

※香油錢也要國際化

文武廟是日月潭人氣最旺的大廟，香火鼎盛，因位於知名風景區，所以前來祈求平安的遊客是來自世界各國，在此便可看到各種貨幣的香油錢，也是一種很特別的景象。

來到文武廟，攀登「年梯」是一項有趣的體驗。三百六十六階的「年梯」象徵一年三百六十五天（閏年），步道上刻著二十四節氣的相關資料，讓遊客們能在登階而上的同時，順便了解中國傳統文化。年梯的每一階上都刻有日期，以及當天出生的中外名人姓名，依此遊客們能找看看，自己和哪位名人同一天生。

什麼是天祿？

「天祿」（或貔貅）是古時瑞獸，喜歡聞錢的味道，甚至會幫主人叼錢回來。

在哪裡拜

地 南投縣魚池鄉中正路 63 號

電 04-9285-5122

時 每天 5：00—21：00

交 大衆運輸／

①搭高鐵至臺中站下→轉搭南投客運（往日月潭）至日月潭站下。

②搭臺鐵至臺北站下→轉搭國光客運（往日月潭）至日月潭站下。

③搭臺鐵至臺中站下→轉搭仁友客運（往日月潭）至日月潭站下。

開車／

國道 1 號 - 南屯交流道下 - 縣道 136 線 - 省道臺 74 線 - 快官交流道下 - 國道 3 號 - 霧峰系統交流道 - 國道 6 號 - 愛蘭交流道下 - 省道臺 14 線 - 省道臺 21 線。

中部財神廟❷

主祀：武財神祖師爺

北港武德宮

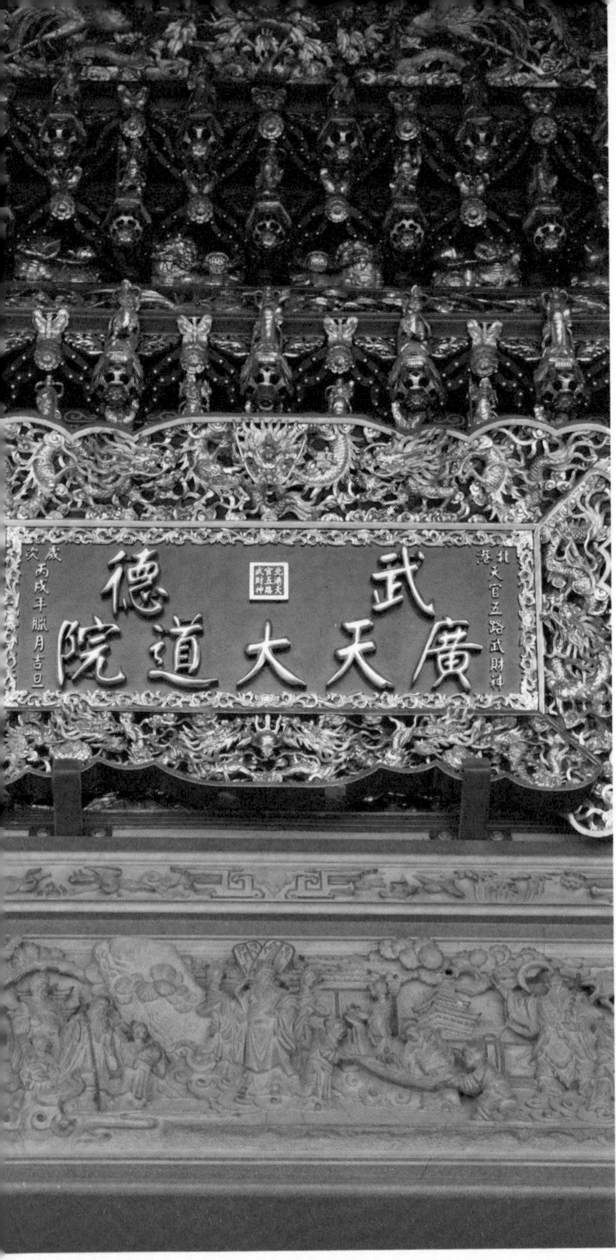

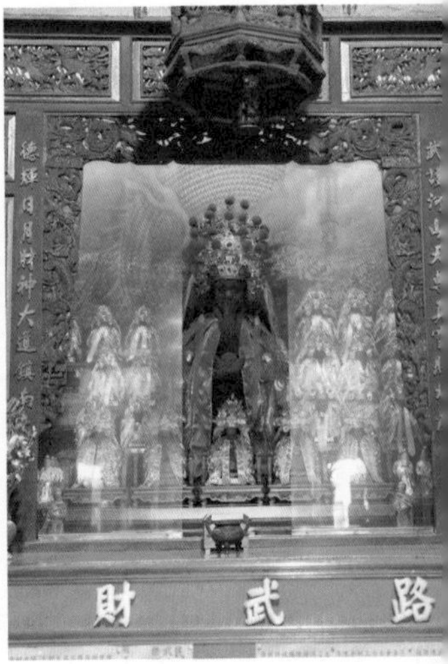

這樣拜最神

大殿內處處有金元寶，別忘了摸摸元寶補財氣喔！

全球化的財神廟

※關公顯靈，冠蓋全台

北港武德宮是全台五路財神的開基財神廟，也是規模最大的財神廟，共有五百多處分靈廟宇。創辦人陳先生搬入武德宮舊址前，前任屋主一家曾半夜看見一名「武將」昂首闊步於廳堂內，之後便不敢繼續住，搬離此地。陳先生搬進來後，先是開設中醫館，長期經營卻不見起色。

直到有一日，陳夫人生病，同樣見到一名武將站在她床邊，據她形容這名武將「面色黝黑、雙目圓瞪、手臂粗壯多毛且毛孔明顯」，才知道是武財神前來提點，要出來濟世。夫人康復後，陳家開壇供大眾膜拜，請雕刻師依夫人的描述雕刻神像，之後武德系統的財神廟，都是依此為據雕刻武財神金身。

※財神神蹟，全世界都知道

北港武德宮神蹟顯靈，全世界都知道。說北港是第一求財聖地，一點也不為過。武德宮祀奉的武財神，是武財神系統的祖師爺，號稱是「全球武財神總廟」。除了主祀武財神趙公明，二樓祀奉的是武財神的父母親，一樓祀奉武財神的三位妹妹，合稱三仙姑。傳說中的三仙姑執掌金斗，是生育之神，一般祀奉註生娘娘的廟宇，也都奉有三仙姑。

武德宮氣勢磅礡，未入殿前，就先看到高大雄偉的牌樓，和東亞最大、彩繪三十六天官的「天庫金爐」，而內殿金碧輝煌，列柱高聳入天，彷彿置身天上宮殿。

※老闆回國第一站

武德宮的武財神曾替房地產人員在一個月內把房子賣光光，也曾幫某位上市公司大老闆解決生意上的問題，化解十億元的危機，神威顯赫，神蹟多不勝數。許多股票上市公司老闆最常到北港武德宮參拜，許多大老闆回國後，不是先回家，而是先到武德宮拜拜。

二〇〇九年時，曾有信徒中了大樂透頭獎，還願時大方捐獻兩千萬元給廟方，證明了武德宮求財靈驗之說，保證信徒財運亨通。

※吃財寶米，飽滿福氣

北港武德宮獨有的「財寶米」，是天宮財神特賜的求財寶物，能夠改變家中磁場，信眾求得財寶米後，先過爐三圈，沾染武財神的財氣，便可帶回家倒入米缸，與自家米混同食用，等於接收財神爺賜予的豐衣足食、飽滿福氣。或可將錢幣放入財寶米，放置於神桌、辦公桌上，匯聚財氣。另外，正殿兩側有五路財神中的「利市仙官」，手拿金元寶，還有手捧聚寶盆的「招財使者」，經商、做生意之人可摸一摸金元寶，祈求大發利市，碰一碰聚寶盆，祈求財源滾滾。

武德宮所提供的「補財庫」除了可向財神爺求財賜福，也有消除罪障、災厄，保佑闔家平安的用途，只要備齊金燭誠心祝禱，神明必會有所回應。

三十六天官

武德宮主祀的武財神趙公明，受玉皇大帝冊封為三十六天官之首，率領東、西、南、北各路財神，遊客可在天庫金爐的彩繪外壁上，看見其餘三十五天官的雕刻像，包括紀仙姑、五龍宮、金舍人、李仙姑、劉聖者、唐舍人、趙元帥、岳元帥、連聖者、鎖大將、倒海大將、馬龍宮、柳大將、移山大將、殷元帥、王孫元帥、辛元帥、康元帥、紀水真人、李元帥、勸仙姑、拿大將、虎加羅、何仙姑、捉大將、必大將、溫元帥、鄧元帥、高元帥、張醒者、江仙宮、食鬼大將、蕭聖者、紅化宮、馬加羅、吞精大將。

在哪裡拜

地 雲林縣北港鎮華勝路 330 號

電 05-782-1445

時 每天 6：00—22：00

交 **大眾運輸 /**

高鐵：於高鐵嘉義站下車，搭乘計程車或接駁車可至北港市區

台鐵：搭乘台鐵西部幹線，於嘉義站下車，往來嘉義北港市區有台西客運，相當方便。

自行開車 /

南下：從雲林以北南下者，走中山高在 243 公里處下雲林系統交流道接台 78 線東西向快速道路至虎尾土庫交流道下，左轉 145 縣道經土庫後將抵達北港鎮華勝路。北上：雲林以南之北上車輛，下中山高嘉義交流道後，直行 159 號縣道經新港往北港方向，即會接台 19 線進北港。

中部財神廟 ❸

主祀：五路財神

台中武德廣天宮

這樣拜最神

來到武德宮，最好穿著有口袋的衣服。正殿有顆大元寶，投入零錢後，需摸著大元寶，做出將財氣向自己聚攏的動作，由外往內共三次，收納入自己的口袋或皮包內，這樣才算是完整的大元寶求財。離去前記得要向財神爺道謝，謝謝祂讓你帶回好財運。

最高階的財神爺

※世界頂級財神廟

在華人的世界裡，財神爺信仰是大眾文化，財神廟不計其數，各有特色，台中武德廣天宮最大的特色，就是它祭祀的財神爺，全世界位階最高！

武德廣天宮是台中最大的財神廟，主神為五路財神，宮內還供奉了遠從四川迎回的「峨嵋財神開基老祖」金身，也就是全世界位階最高、歷史最悠久的財神開基老祖，供奉這尊世界級的財神爺師祖，使得台中武德廣天宮躍升為世界級財神廟，自此香火更加興旺，福澤廣佈台灣千萬善男信女。

※文武財神別拜錯

台中武德廣天宮建立於民國七十三年，於建廟初期，曾迎請北港武德宮的開基祖財神爺——聖號尊稱「代天巡狩」，於工程期間護祐基地安寧，完工之時，本欲恭請開基祖財神爺回北港，但財神爺卻指示仍有任務在身，須鎮守此處，從此便留在台中，做為武德廣天宮的「建宮財神爺開基祖」。

由於近幾年股市行情不穩定，許多股票迷們也紛紛前往武德宮參拜。而廟方建議，信眾可端看自己的職業是「文、武」兩類哪一種，再決定該向「文財神」或「武財神」求取好財運，例如公務員可分為「文市」，而經商、做生意者則可分為「武市」，不同行業，求財方向也會不同。

每年財神聖誕之時（農曆三月十五日），往往湧入大批信眾，將廟宇擠得水洩不通，爭相向財神爺祈求「發財金」、「補運錢」，而信徒們供奉的金紙可疊成一座又一座小山，廟方也說：「常常都多到來不及燒！」；護身符總是被信徒們索取一空，來不及製作的時候，廟方只好直接把符令給信徒。

※黃金發財蛋，大口吃下一路發

「黃金發財蛋」可說是武德廣天宮相當特別的求財小物！將發財蛋的蛋殼一片片剝去時，等於將厄運一一剝除，具有「金蟬脫殼」的象徵性意義，大口吃下它，能幫助你平安順利發大財。

除此之外，廣天宮獨創的「一六八財神寶庫」也相當靈驗，信眾可向財神爺借得發財錦囊，錦囊裡的一百六十八元等於保佑人生事事順利「一路發」，共由五十元、十元、五元、一元硬幣組合而成，各自有其特殊含意。

拿到錦囊後記得過爐，才可將錢母取出消費、投資或存起來，若是遇到不順心之事，錦囊內有著一份財神爺給予指點的籤詩，信眾們可取出解籤，為自己的困境找出路。最重要的是，別忘了每年要回到財神廟向財神爺還願，表達感恩之情。

在哪裡拜

地 台中市北屯區遼陽五街 131 號
電 04-2243-4146
時 每天 5：30—23：30

交 **大眾運輸 /**

火車站左前方
搭乘國道客運於朝馬轉運站下車的香客，需至統聯客運中港轉運站或台中火車站改搭公車前往本宮；
若是搭程中清線之香客，請於中清路、文心路口下車後轉搭 巨業 68、統聯 53、統聯 85 等車至本宮

開車 /

國道一號大雅交流道下，沿中清路直行至文心路左轉前行至興安路左轉即可抵達本宮。

中部財神廟 ❹

主祀：關聖帝君

台中南天宮

求財撇步全台最多

※各式各樣求財妙招

過年想發財，台中南天宮一定要去拜一下！台中南天宮位在台中東區，主祀關聖帝君，距離廟宇的不遠處便可看見廟宇上方有著一百四十六公尺高的關聖帝君像，莊嚴威武，相當壯觀。重要的是，它有全台最多的財源廣進小撇步，保證財源滾滾、福氣滿滿！

台中南天宮有著各式各樣的另類求財小妙招，例如大元寶、金牛、財神洞、財神門，可說是全台灣求財花招最豐富的財神廟！建廟已六十二年，廟方於每次周年紀念，都不忘向信眾提醒關公「忠、孝、節、義」的正直仁德，造化社會人心。

關聖帝君有著不少靈驗事蹟，曾有許多信眾前來祈求轉運、消除身體病痛，都受到關聖帝君神威保佑，日見好轉或康復。

※四步驟，金銀財寶滾滾來

南天宮最特別也最出名的是「鎮宮三寶」，進入南天宮的大殿，便會看見一顆超大型的金元寶，這顆大元寶有求財四步驟：

⑴根據信眾自身誠意拿出「錢引」，說出自己的名字、出生年月日、地址等，誠心祈求關聖帝君保佑。⑵將「錢引」投入大元寶中，意思就是利用「錢引」引導更多錢進到自己的財庫中；若是沒投錢，就等於是「摸空財」。⑶把雙手放在大元寶上方，由外向內摸，將錢財撥向自己。⑷最後，別忘了把錢放進自己口袋！記得要做完完整的求財四步驟，財神爺才會保佑。

另外兩寶為「智慧筆與金算盤」，而另一寶則是福德正神殿旁的「開宮龍柱」。參拜完比干財神爺後，記得摸過智慧筆與金算盤；智慧筆用意為祝福學生考試金榜題名，同時也能幫助行商之人開啟智慧；而金算盤可幫助商人不受人蒙騙，能精算資產，盈利雙收。

※誠心求財，心想事成

和許多財神廟相同，南天宮的六樓也藏著一個財神洞。信眾於進入前先對武財神神像敬禮，敲響銅鐘，表示向洞內神明打聲招呼，告知有人來訪，再撫摸洞口邊懸掛的金錢幣，表示求財之心，進入洞內後可以看見許多致富守則，其實都是神明給人們的諄諄建言，勸導人們不忘本分，平安喜樂自然隨之而來。

參拜完比干財神後，旁邊就是財神門，走進去前得先雙手合十，誠心地向財神爺請示，通知祂你來求財了，走上階梯後摸摸金元寶，招來好財運，踏出財神門前摸摸貔貅，驅除壞運。

南天宮內的「金牛」也是一項求財招牌，就位在比干財神殿及福德正神殿之間，全身紅通通，鼻子上掛著兩個金環，瞪著大大的牛鈴眼，喜氣洋洋，造型也相當可愛。

信眾只需手一邊摸著金牛，一邊跟著金牛身後布條掛著的台語方言唸：「摸牛鼻：人人吃百二，摸牛頭：兒孫都出頭，摸牛嘴：賜你大富貴，摸牛肚：事事好運途，摸牛身：健康好順心，摸牛尾：萬事好結尾，摸腳椿（臀）：給你年年存（餘）」。唸完後向財神爺報備一下，就能保佑你財源廣進、事事如意。

關公也是財神爺？

關公生前曾經也是一名商人，賣過豆腐，也因他極重「誠信」，便被商人尊奉為「武財神」，能招財又能鎮宅保平安。

在哪裡拜

地 台中市東區自由路三段 309 號
電 04-2211-1281
時 每天 7：00—22：00

交 大衆運輸／

高鐵：搭乘高鐵於台中烏日站下車，後轉乘台中客運 33 路至「明功堂醫院」站下車。

火車：搭乘台鐵列車於台中火車站下車，由前站出站後轉乘客運前往。1、台中客運 33 路至「明功堂醫院」站下車 2、台中統聯客運 75 號到「明功堂醫院」站下車。

開車／

行駛國道 1 號（中山高）於大雅交流道（台中大雅）出口並靠左由（台中）方向下交流道，直行中清路（台 1 乙）於進化北路左轉，續行至進化路（台 3 線）後於自由路三段左轉即可抵達。

中部財神廟 5

主祀：土地公、土地婆

竹山紫南宮

這樣拜最神

信眾求開運金雞前，先向土地公、土地婆拜拜，最多可擲三次筊，若有一次擲出聖筊，便可帶回金雞。領回家後，金雞需供奉於家中「財位」，並且在金雞面前放茶水，切記不能放空杯或生水。

神靈保佑中樂透！

※來拜拜，保佑中頭彩

做彩券行生意的商家，最希望能開在廟宇附近，讓自己賣出的彩券受到神明眷顧開出大獎！不僅中獎的人開心，彩券行也沾光，顯靈的神廟更是聲名遠播。

竹山紫南宮，就是這樣的一間神廟，讓附近的彩券行連年中大獎！

二〇一一年時，當時彩券頭獎金額高達十五億，讓紫南宮創下借出最高發財金―三千萬元的紀錄，想當然地，廟方附近的投注站也大賺一筆。而二〇一三年元旦，在紫南宮對面的彩券行開出大樂透頭彩，金額高達一億多！廟方說，這是土地公特別保佑，希望大家新年大賺錢。

相傳清朝年間，嘉慶君遊台灣時來到竹山地區，濁水溪波濤洶湧，無法渡船過溪，嘉慶君便向竹腳寮土地公祈求幫助，結果土地公顯靈，不僅護送嘉慶君安全渡溪，更一路送到鹿港出海口。這就是竹腳寮土地宮受封戴官帽，至日後演變為「紫南宮土地公」的由來。

竹山紫南宮主祀土地公和土地婆，雖然不是供奉財神爺，但求財靈驗事蹟多，名聲遠播，是絕對不能錯過的求財靈廟。

※七星的高檔廁所

廁所也能成為藝術品？這在紫南宮是肯定的。民國九十四年，紫南宮耗資四千萬，以南投名產「竹筍」為造形，打造一座七星級廁所。這座七星級建築的外觀仿造一顆顆大冬筍，造型獨特顯眼，將名產「竹筍」藝術化。

這座七星廁所完工後，廟方在網路上舉辦命名徵選的活動，「金筍迎客」從三百多份應徵稿件中脫穎而出，據得獎者創作概念，認為紫南宮的土地公相當靈驗，遊客如織，土地公幾乎成為求財代號，而竹山冬筍聞名全國，因此以「金筍迎客」命名。

廁所內部也是七星級規格，除了用畫作、藝術品妝點外，還有建造美麗的噴水池及水簾瀑布，上廁所時耳邊更傳來悅耳樂音，堪稱是全台最高檔廁所，成為寺廟之外另一個必經景點，七星等級名不虛傳。紫南宮莊主委也透露，希望能藉由紫南宮的名氣，推動南投縣整體觀光產業的發展。

※金雞母招來好財氣

遊客一到紫南宮，便可看到一隻金光閃閃的大母雞塑像，就是紫南宮名聞遐邇的「金雞母」，是宮內的大招牌，也是竹山紫南宮的象徵及代表物。

想求得發大財的香客，首先就得從大金雞底下鑽過，再去轉戲台前的大金元寶。除此之外，廟正殿內還有另一隻金雞，摸摸金雞不同部位，能有不同好運：「貼雞嘴，乎你大富貴。貼雞胸，乎你家和萬事興。貼翅股，乎你娶好某。貼雞尾，乎你賺家伙。貼尻川斗，乎你才高八斗。貼尻川空，乎你嫁好尪。貼金雞卵，貼圓圓，乎你賺大錢。金雞貼透透，福運攏總到」。看金雞身上斑剝的銅漆，便可猜得它受歡迎的程度，已被許多求財香客全身摸透透，確保沒有漏掉任何好運氣。

竹山紫南宮除了求發財金而聞名之外，許多創業及企業家、公司老闆也喜歡向土地公祈求「開運金雞」。雞在農業時代是財富的代表，能夠下蛋象徵著財富能夠延續，如同「財源滾滾」之意，若希望經營的商店或公司營運良好，便可來竹山紫南宮，向土地公求開運金雞加持。

開運金雞若是不停地掉出米，就表示財運即將降臨你家。曾有一名快炒店老闆，發現金雞的米一直往外掉，便去問廟方，廟方說那是因為這間店已經受到金雞庇佑，生意會像米一樣「溢出來」，越來越旺。

※發財金包你發財

紫南宮的發財金原本叫做「福德金」，發源於台灣光復初期，當時民不聊生，百廢待舉，因此廟方設立這項發財金活動，並秉持著「取之社會，用之社會」的精神，協助許多家庭重新找回經濟支柱。

來到竹山紫南宮求開運金的信眾相當多，廟方說：「曾經有名從事建築業的蔡姓老闆，去年新春借了六百元的發財金，結果，房屋銷售暢旺，今年一口氣就還了六十六萬元的發財金。」到目前為止，還願金的最高金額甚至有一百萬元。

每年元宵節，信徒還可以到紫南宮向土地公祈求「金錢龜」。祈求金錢龜的活動已有三十年之久，活動時，擲出最多次聖筊的信徒便可以將「金錢龜」帶回家，不過必須於隔年的農曆正月十五日為「金錢龜」掛上「串鬮」，也就是所謂的紅包，並請一齣歌仔戲答謝土地公，將金錢龜迎回紫南宮。

每年獲得金錢龜的信眾，往往受土地公保佑，不是生意興隆，就是事事如意，因此「金錢龜」便逐漸成為生意人的吉祥象徵。

這樣做最旺財

紫南宮是求財大廟，人聲鼎沸，也吸引不少商家道周邊擺攤，財氣旺盛之地眾多，而莊主委特別提供了「私房地點」，遊客到紫南宮時，可從廟正門順著馬路走去，約兩百公尺遠的三叉路口，正是紫南宮靈氣最旺之處，據說站在此處可沾染財氣，當初中樂透的香客，就是在此將樂透彩券摩擦龍壁。

在哪裡拜

地 南投縣竹山鎮大公街 40 號

電 04-9262-3722

時 每天 5：00—21：00

交 **大眾運輸 /**

搭乘高鐵香客：搭高鐵至台中烏日站，徙步至台灣好行公車站，至竹山交流道下，轉搭紫南宮免費接駁車。

搭乘台鐵香客：臺中火車站（神鑑大樓原金莎百貨）（台灣好行公車站），（去程）民興公園 /（回程）公館里，大慶火車站，高鐵台中站，竹山交流道，轉搭紫南宮免費接駁車。

開車 /

國道 3 號下竹山交流道 243K，左轉經竹山秀傳醫院，往山腳圓環（有紫南宮 Q 版指示牌），右轉經過 7-11，直行約 3 公里，左邊社寮警察局，左轉直行約 200 公尺，到達【竹山紫南宮】。

凌霄寶殿入火安座大典

南部財神廟 1

主祀：五府千歲王爺、萬善爺

南鯤鯓代天府

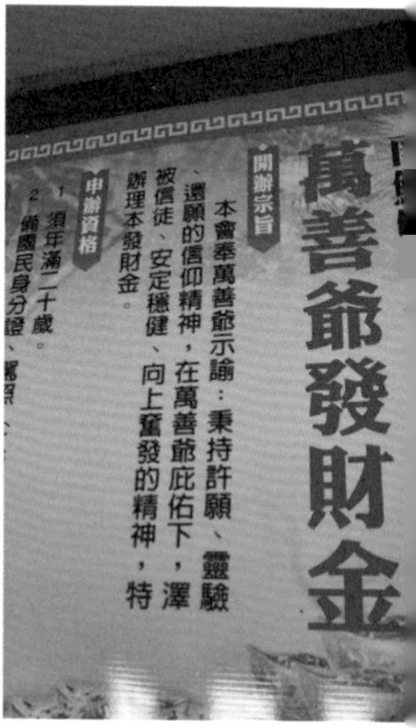
萬善爺發財金
開辦宗旨
本會奉萬善爺示諭：秉持許願、靈驗、還願的信仰精神，在萬善爺庇佑下，澤被信徒、安定穩健、向上奮發的精神，特辦理本發財金。
申辦資格
1 須年滿二十歲。
2 備國民身分證、

這樣拜最神

只要經萬善爺許可，擲出聖筊一次可借「萬善爺發財金」六百元，第二次可借五百元…依此遞減，借款期限為一年，拿到後過爐三圈，並保留經過神明加持的紅包袋，讓你一整年都擁有好財運。

米其林三星景點

※祖字輩王爺廟傳奇

南鯤鯓代天府為全台灣的王爺總廟，也是規模最大的王爺廟，這樣「祖」字輩的王爺廟，當然有它的建廟傳奇。

相傳在一六六二年的某天夜晚，數十位漁民正在捕魚，忽從海上飄來一陣鐘鼓管弦的樂聲，熱鬧非凡、燈火通明，並且出現一艘三檣的大帆船，緩緩駛進南鯤鯓灣。翌日，漁民們跑到岸邊一看，只見一艘破舊的小船，似乎是從大陸飄過來的王船，裡面放著一條木材，被劃成六等分，寫著：「大王李府千歲、二王池府千歲、三王吳府千歲、四王朱府千歲、五王范府千歲、中軍府」，以及一支神木和「代天巡狩」的旌旗。於是，漁民們請來泉州知名雕刻師——「媽福師」，將這些木材雕刻成六尊神像，並搭建草寮以祀奉祭拜。

也沒想到，日後這些漁民們出海捕魚，必定滿載而歸，從此王爺顯靈的威名遠播，信眾越來越多，直至今日成為全世界最大的王爺總廟。

※寶島台灣的三星級景點

南鯤鯓代天府，不僅歷史氣息濃厚，被列為國定二級古蹟，更是「米其林旅遊綠色指南」中的三星級景點，打敗一星級的阿里山，和兩星級的日月潭，是南臺灣的必遊景點之一，讓台灣不僅擁有米其林美食，更有三星級的美景！

除此之外，南鯤鯓代天府殊榮無數，被獲選為「十大廟宇建築」、「台灣十大廟會」、「台灣新十二大景點」、「十大陸客拜訪宗教聖地」。全台灣祭祀最多的神明便是王爺，總共四萬多間廟宇，南鯤鯓代天府的分靈廟宇就達二萬一千餘，因此香火鼎盛，每年香客人次可達七百多萬。

南鯤鯓代天府廟宇前的五門式木作牌樓，據說是全台最大的牌樓式建築，雄偉矗立於廟殿之前，大紅漆色極為氣派，而廟宇內的凌霄寶殿則是金碧輝煌，顯示全台最大王爺廟的不凡地位。來到王爺廟的後方，別以為什麼東西也沒有；位在正殿後牆，也就是青山寺正對面的牆壁，被稱作「九五至尊金錢壁」，是台灣地區唯一用咾咕石砌成的牆壁，是南鯤鯓代天府求財的秘密基地。因為它就在五王神像的正後方，金錢作九五排列，枚枚相疊，塊塊相扣，幾乎看不到疊痕與縫隙，就像「錢錢相扣」一樣。

金錢壁全長六尺二乘於十尺五六，構圖優美，色彩淡雅，意寓招財納福，是民國十五（一九二六）年由澎湖西嶼內塹宮所捐獻，咾咕石也是從澎湖運來。

※六十年一次的五王出巡

當初由媽福師雕刻的五府千歲神像，如今已有三百五十一年的歷史，也被稱為「開基正身」，每六十年有一次的五王出巡，人活一輩子，最多也只能看到一次，機會寶貴。

想創業的信眾也適合到南鯤鯓代天府，求取「萬善爺發財金」，讓你錢滾錢、利滾利。每年農曆年前所舉辦的祈福儀式，更是讓信徒們趨之若鶩，紛紛前往朝聖，希望能得到庇佑與祝福。向萬善爺求發財金很簡單，從創立至今約五年，已有數十萬信眾前來求取發財金，然而信徒們信用度很高，保持著幾乎是零「賴帳」的成績。曾有一名來自中部的土木包商，借了六百元，後於春節期間還了六百萬！

在哪裡拜

地 台南市北門區鯤江村 976 號

電 06-7863711-3

時 每天 7：00~23：00

交 大衆運輸／

①台南市搭往南鯤鯓的興南客運，於南鯤鯓代天府站下車，即可到達。
②新營搭往南鯤鯓的新營客運，於南鯤鯓代天府站下車，即可到達。
③高鐵台南站轉搭其他大眾運輸工具。

開車／

1、國道一號：新營交流道→鹽水（過境）→台 19 →義竹→縣 172 →海寮→台 17 →南鯤鯓代天府
2、國道一號：麻豆交流道→縣 171

南部財神廟❷

主祀：武財神趙公明

草屯敦和宮

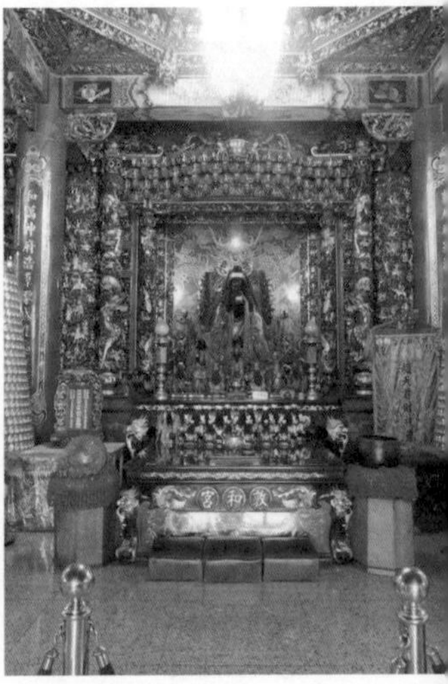

這樣拜最神

想摸金元寶求財的信徒，別忘了一邊摸，要一邊唸「摸元寶」口訣，得用台語說：「摸元寶賺錢免煩惱，摸金鞭人生像神仙，摸虎嘴人生平安大富貴，有摸有添人生事業大吉昌。」這樣一來財神爺才會聽見你的祈求，賜於你好財運！

世界最大武財神

※地震的考驗

草屯敦和宮建立於西元一八一六年，廟宇共七層樓，是一座主奉「玄壇元帥」，也就是「武財神」趙公明的道教廟宇，武財神趙公明來台已有三百四十多年，可說是歷史悠久。草屯敦和宮最大特色是一座巨大的銅製武財神爺像，位在廟宇的七樓頂，神像高一百六十二尺，是目前全世界最大的趙天君武財神銅像，信眾們從遠處便可看見這個醒目的「財神爺地標」。

民國八十八年，九二一大地震，天崩地裂、天搖地動雖然震壞許多人的家園，卻震不倒台灣武財神信仰。

草屯敦和宮的財神爺銅像，當時銅鑄神像正要施工，因此將部分銅製品用超大型吊車調至頂樓，可想而知頂樓所承受之重。幸好，敦和宮施工扎實，才能安然度過九二一大地震，未有重大損壞，但是鐘鼓樓，因為設計失當、頭重腳輕，逃不過地震的考驗，兩邊鐘鼓樓全倒，造成外部有先受到損壞，再請廠商修復之後，現今才屹立不搖地矗立廟頂之上，守護著草屯信眾。

※油亮金元寶，財源廣進

每年新春期間，敦和宮人山人海，走進宮內，首先就會看見財神爺像前方的一顆大元寶，原本已經是金光閃閃的大元寶，被來此求財的信徒摸得更加油亮，就為了摸到金元寶及武財神，感受一下敦和宮的靈驗和財神爺的神威。

另外，草屯敦和宮也提供「補財庫」及「借發財金」的服務。為各路善男信女祈求財運、補財庫、學業、事業、前途、官運，以幫助信眾祈求如願。

敦南宮的五路財神爺金有二種，為五路財神發財金（紅包六百元）和五路財神爺發財金（金紙）二種。

據廟方表示，若要求取五路財神爺的發財金，信眾可先取一份金紙和自己的供品，點十二炷香，先參拜外頭的「天公爐」，再向財神爺及眾神誠心求拜，說明自己借發財金的用途；紅包袋回家後可以放在抽屜或與貴重物品放在一起，將紅包裡的發財金（六百元）取出來時，必須連同生意錢一起使用，記得將同數的金額放回，才能利滾利，財滾財，使錢財活躍，滾滾而來。

還願時也請依照敦和宮規定，或是有喜報之時，也歡迎信眾回來還願，記得還完後，可以立即再向財神爺借發財金，因為要將錢財看成活躍的湧泉，懂得利滾利、財滾財，活絡自己的金錢運，讓錢財滾滾而來。

若要求取金紙發財金，需先取一份敬神用之金紙和供品，點十二柱香，先參拜天公爐請天公做主，說明出生年、月、日、時項目，後再擲筊請財神爺賜發財金。求得的發財金必須用黑筆在紅紙疏文填上姓名、地址和蓋手印（男左女右），然後燒化即可。

每年的農曆三月十五是趙天官的誕辰，除了盛大的慶典之外，廟方還會請信眾們吃「黃金發財糕」，相當特別。而去年慶賀敦和宮的三百五十二周年慶時，據說曾有信眾送了一千顆鳳梨與一千顆肉粽，說是要前來還願，便將大量物資分送給信眾；證明了財神爺的神威靈驗，讓這位善心人士有求有保祐，回饋社會大眾。

在哪裡拜

地 南投縣草屯鎮敦和路 74 號
電 04-9232-3793
時 每天 7：00~21：00

交 大眾運輸／
1. 搭乘客運或火車至【彰化站】下車，轉搭彰化客運 6916、6917 或 6918 線，於【敦和宮】站下車。
2. 搭乘客運或火車於【員林站】下車，轉搭彰化客運 6924、6923，於【敦和宮】站下車。

南部財神廟 ❸

主祀：天官文財神

高雄天官財神廟

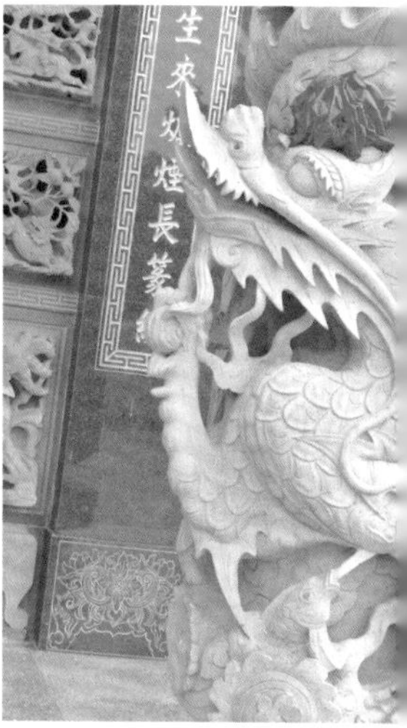

這樣拜最神

龍香山天官財神廟坐落在高雄縣燕巢鄉，有著一個相當醒目的地標——「吸金大元寶」，據説摸一摸金元寶，就能招來好財運。

除了芭樂，燕巢還有財神

※吸睛大元寶好吸金

高雄天闕財神廟位在燕巢區，主祀文財神，雖然廟宇地理位置偏僻，但求財相當靈驗，因此吸引不少上班族或公職人員前往祈求敬拜，每年農曆十一月十一日，也就是文財神聖誕之時，更是香火鼎盛。

天官財神廟坐落在龍香山半山腰，當初由善心人士從文財殿（原嘉義大興宮）求得天官文財神副駕十一爺，請回家供奉，至民國八十三年遷移至現址，興建成兩樓式廟宇建築，並更名為「龍香山天官財神廟」，配祀福德正神及註生娘娘，同時在一樓殿側供奉五路財神。

步行至宮廟前，首先會看到一顆「吸金大元寶」，深深地嵌入土裡，彷彿是由財神爺賜福、從天而降的金元寶。另外，廟內處處可見不同造型、大大小小的元寶，財氣充盈，甚至是點補財庫順利的光明燈，也是金色小元寶的造型，相當討喜。

廟方在下午三點提供問事服務，香客們可向財神爺祈求指點迷津，也別錯過祈求「發財金」，只要擲出聖筊，就可領取一百元發財金。來到高雄燕巢鄉，除了買芭樂，更要拜一拜財神，把好運帶回家！

※文財神比干

燕巢天官財神廟所參拜的文財神則是殷商紂王的皇叔比干，據《史記》紀載，比干是紂王的叔父，同時也是位為人正直、直言勸諫的丞相，但紂王荒淫亂政，暴虐無道，於比干勸諫時，命他剖膛挖心。

有一說，比干死後，玉皇大帝認為他是無辜被害，比干為人剛正不阿，愛國愛民，無心則不偏心，因此封他為「文財神」。另一說則是比干雖然沒了心，但因吃了姜子牙的靈丹妙藥，所以死不了，而正因沒了心，於是辦事公正，深受人民愛戴，在比干手下從商者，童叟無欺，人人敬服，後世因此將比干尊為財神爺。

※福祿壽三星保平安

民間傳說中的「文財神」大多指比干、范蠡、財帛星君和「福祿壽」三星中的祿星，形象描摹皆為「白面長鬚、頭戴宰相紗帽，手捧如意、身著紅袍玉帶、足蹬元寶」。福祿壽三星常出現在中國傳統的年畫中，其中眾星之首的福星，是神話中的幸運之神，由現在我們所說的「木星」演變而來。

福星長相如同一隻怪獸，有著老虎的頭部，豹目圓睜，身形卻似一位讀書人，穿長衫盤膝而坐，騎乘一隻碩大的野豬，手持元寶、春聯等吉祥物。傳說福星是唐朝時期一位直言上諫的道州刺史，請求皇帝免除供奉侏儒的苛政，因此被當地人民奉為救災之神，而有了「福星」的尊稱。祿星主掌仕途官祿，也有人將之奉為文昌星，認為祂能保佑考生金榜題名。

一般而言，祿星的形象是氣派大度的朝廷官員，身旁總有童僕侍奉，然而到了明代，祿星又被賦予「送子神仙」的角色，根據民間流傳，為五代至北宋時期，一位名為張仙的道士修道成仙後演化而來。

壽星最為醒目的是祂那碩大突出的腦門，據說這形象與長壽有關，例如象徵長壽的丹頂鶴，頭部也是高高隆起，或是王母娘娘的蟠桃，也代表著長壽，於是這些意象通通加諸在壽星身上，使祂有了高高凸起的腦門的形貌，而壽星手中通常持有一把手杖，同樣象徵著延年益壽。

在哪裡拜

地 高雄市燕巢區牧場路 44 號
電 07-615-1579
時 每天 7：00~21：00

南部財神廟 4

高雄旗山開基八路財神

主祀：武財神趙公明、韓信爺、天蓬元帥

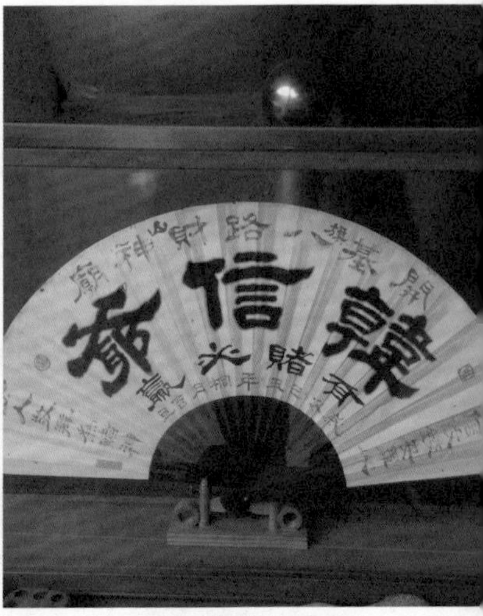

這樣拜最神

信眾只要將求得的「無字紙」放進水裡，「號碼」便會慢慢浮現，將號碼記下後再向韓信爺擲筊請示。

問財神求明牌

※武財神賞善罰惡

旗山開基八路財神廟主祀八路財神，雖然廟宇規模不大，建廟僅十多年，卻因許多靈驗的求財事蹟而聲名大噪；曾有位負債五千萬的信徒，來到旗山開基八路財神廟，和財神爺「大錢換小錢」後，中了七千萬元，一夕翻身，最為人所津津樂道。

走進廟裡便可看見高約六層樓、騎乘在黑虎之上的八路財神像，由武財神趙公明統領。傳說中，武財神趙公明的「招財鳳凰金雞」可日行千里，傳遞訊息，讓武財神知道世間每個人的功過福報、是善或惡，來定奪個人財富的多寡；而八位金銀匠護法負責「補財庫」。對於想補財庫的信徒來說，做重要的是遵守武財神趙公明的三項「天定理律」：孝順父母、年節誠心祭拜祖先、若有嬰靈必須予以超渡，只要遵守上述三項並保有一顆善心、行善事，想求得財富並不難。

※黑虎將軍忠心耿耿

傳說，趙公明為人相當孝順又極富善心，晚年住在武當山上，過著節儉清貧的生活，養了一隻不會下蛋的母雞，和一隻不會吠叫的黑狗。

有一天，趙公明竟遇到「開天門」這個大日子，傳說只要趁這眾神朝聖之時向祂們誠心祈求，即會「有求必應」，於是趙公明向神明們求賜「金」、「銀」，正要再求「福」、「壽」時，天門已經關了。突然間，趙公明的母雞開始下金蛋，而黑狗每吠一聲就吐出一顆銀錠子。趙公明的財富不斷地累積，鎮日樂善好施、濟貧扶弱，整天忙得不亦樂乎，並聘請了八位金匠銀工，將金蛋、銀錠鑄成金箔、銀箔，將燒給神明的竹片貼上一張金箔，叩謝上天眾神。

然而富可敵國的趙公明也被惡霸盯上，夜深人靜時，惡霸闖進屋子裡，一把火燒了他的家，而眾神明感念趙公明的善心善行，將黑狗變成一隻黑色大猛虎，嚇退敵人，母雞變成一隻鳳凰，載著趙公明、八位金匠銀工和黑虎得道升天，而趙公明則受封為「八路武財神」。

因此只要是祀奉武財神的廟宇，往往都會看見寺廟裡供奉著武財神的坐騎——「黑虎大將軍」，以紀念牠忠心護主的事蹟。

※問明牌，大錢換小錢

每期樂透明牌，財神爺都知道！因為廟內也供奉主要讓信眾求「偏財」的韓信爺，據說有名信徒因韓信爺賜與明牌，中了大樂透頭獎，從此口耳相傳，前來求股票代號、威力彩、樂透彩的人愈來愈多。

旗山開基八路財神廟還有供奉娛樂業最愛的「天蓬元帥」，信眾們為了讓元帥認出自己，紛紛將自己的名片貼到後方牆壁上，據廟方說：「除了業務員，從美容店到賣娛樂器材的人都有！」

過年時節，廟方都會準備許多求財活動，旗山開基八路財神廟總是人氣匯聚，非常熱鬧，例如初一到元宵時的新春賜財活動，還有不定時推出的發財大砲，炸開後裡面有香火袋、古銅錢、兌換禮品、玩具，幸運的人還能得到真的金銀元寶。不過廟裡最有名的應該就是由金箔做成的非賣品——「八路發財金」紙，只有求得財神爺的「聖筊」才可獲得。

在哪裡拜

地 高雄市旗山區旗南三路 151 之 7 號

電 07-666-5269

時 每天 7：00~21：00

交 大衆運輸／

國道 10 號下嶺口交流道，左轉直行 1 分鐘後即可到達。高雄客運往旗山，在尚和站下車。

南部財神廟 5

主祀：「武財神」關公

高雄關帝廟

這樣拜最神

購買「發財金」，寫疏文求財運，也就是在紅紙上寫上名字、地址，相同於寫給財神爺的信，燒給財神爺後，讓他知道該把你的祈求列入帳冊。疏文寫好後，將發財金裡的金箔貼在金牛上，可求得好運，大吉大利。

最出名的財神

※廟外門神是老外!?

南台灣第一大城的高雄，在因為電影與連續劇拍攝而聲名大噪之前，已經擁有全台灣最知名的財神廟——關帝廟。

高雄關帝廟主祀關聖帝君，廟外有全台唯一的「外國門神」，引來許多遊客圍觀。關帝廟的前任主委有次到歐洲出差，受到不受尊重的待遇，回台後自請工匠，雕刻兩個「歐洲士兵」的雕像，放置在關帝廟門口，意思是讓歐洲士兵在廟門前罰站，沒想到這「阿兜仔」衛兵放久便成為關帝廟另一大特色。

走進關帝廟，映入眼簾的就是伴隨三國英雄豪傑、出入沙場的「赤兔馬」巨型雕像，一旁還有巨型馬夫雕像，以真人等比例尺寸打造，栩栩如生。建立於清朝年間，原名「關帝廳」的高雄關帝廟有七百多年的歷史，據信為元代時草創；先前修建時更挖出一個元代的磚砌。而收藏在國立台灣博物館內的山水畫《台灣輿圖》上，也清楚標出「關帝廳」的位置，可見其做為信仰重鎮的悠久歷史地位。

在地人都稱這間坐落在五塊厝、共三層樓建築的廟宇為「武廟」，但除了供奉「武財神」關公，還有五路財神及福、祿、壽三吉神等等，總共十八位神明。二〇一一年時，廟方更另請四面佛，保佑信徒祈求升官、發財、延壽等願望都能順利達成。

※金牛加神羊，好運發大財

財神殿內有隻背上載有元寶的「金牛」，身體會如此金光閃閃，是長久以來信徒不斷往他身上貼金箔的成果，散發洋洋喜氣。另外，殿內有著相當顯眼的金色搖錢樹，信眾可購買一張求財「金卡」，將求財願望寫在上面，掛在殿內兩株搖錢樹上，向神明祈福。

肅穆莊嚴的廟宇內，可以看到造型特殊、融合十二生肖特徵的「神羊」，廟方在「神羊」擺設的後方立有解說，信徒可按照解說，觸摸不同部位便能帶來不同好運：「摸摸虎爪，財氣不得了。摸摸兔背，賺錢穩當當。摸摸鼠耳，萬事皆如意。摸摸龍角，子孫錢大富。摸摸蛇尾，興旺發傢伙。摸摸牛鼻，事業會順利。摸摸羊鬚，壞運離身溜。摸摸猴頭，生意強強滾。摸摸雞目，子孫皆好運。摸摸狗肚，此去好前途。摸摸豬臀，才子壽齊穩。」摸完「神羊」後，再前往正殿摸摸「神虎」，可祈求整年的平安順利：「摸摸虎之頭，今年好彩頭。摸摸虎之眼，福氣日日在。摸摸虎之鼻，事業都順利。摸摸虎之牙，財子壽皆齊。摸摸虎之嘴，大富又大貴。摸摸虎之身，過著好良人。摸摸虎之爪，財氣不得了。摸摸虎之鞭，求子向陽偏。摸摸虎之尾，今年好結尾。」

雖然關帝廟沒有發財金可借，但是有金牛與神羊加持，每年正月初五迎財神時，為了「補財庫」而來的信眾依然絡繹不絕。

幾年前所增設的財神殿，現今日日香火鼎盛。每年的兩個時節，總會聚集滿滿人潮，一個是農曆三月十五日的財神千秋誕辰，廟方會舉行「賜財聚福大法會」，另一個則是正月初一至十五，慶賀迎春過年時，總是吸引許多信徒來點光明燈或財神燈、過平安橋，祈求一整年財源滾滾來，平安健康。

四面佛

在東南亞各國，四面佛是佛教的護法神，法力無邊，「四面」分別掌管不同運氣，分別為事業、愛情、健康、財運，在祭拜時切記四面都得拜，並且得依照順時針方向祭拜，正面為事業、左面為姻緣、右面為健康、後面為財運，同時也代表著「慈、悲、喜、舍」四個精神。而「四面佛」原是印度教、婆羅門教三主神之一的「梵天」，又稱「四面神」，意為創造天地之大神，擁有四張面孔。

在哪裡拜

地 高雄市苓雅區武廟路 52 號

電 07-721-8782

時 每天 6：00─23：00

交 大眾運輸／

①高鐵左營站（捷運紅線）→美麗島站（轉捷運橘線）→五塊厝站（08)6 號出口→步行 3 分鐘→本廟

②高雄火車站（捷運紅線）→美麗島站（轉捷運橘線）→五塊厝站（08)6 號出口→步行 3 分鐘→本廟

③橋頭站（捷運紅線)→美麗島站（轉捷運橘線）→五塊厝站（08)6 號出口→步行 3 分鐘→本廟

自行開車／

①建國交流道→建國路（右轉往市區）→輔仁路中正國小前（左轉）→武廟路（右轉）100 公尺→本廟

②中正交流道→中正路（右轉往市區）→輔仁路中正國小前（右轉）→武廟路（左轉）100 公尺→本廟

南部財神廟 6

墾丁福安宮

※主祀：土地公

這樣拜最神

廟方也會提供「發財米」給信徒，祝福「錢途光明」。

東南亞最大土地公廟

※土地公生日，熱鬧大團圓

土地公廟千千萬萬，只要有中國人的地方，就少不了它，但是要說到東南亞之最那肯定是位在台灣墾丁的福安宮。

車城福安宮，建立於明朝永曆年間，歷史悠久，號稱是全台灣，甚至全東南最大的土地公廟，農曆二月初二是土地公的誕辰，而中秋節則是土地公升天成仙的日子，福安宮因為歷史久遠，分靈各處的土地公多到數不清，遍佈海內外，每年都會有土地公「大團圓」的祭典。

按照習俗，會在中秋節前先為土地公「暖壽」，分靈各地的土地公也在此時回到車城主廟，各宮廟不僅各自出動陣頭，敲鑼打鼓、吹鈉敲鎖進場，場面盛大，熱鬧壯觀；有的土地公回車城進香過夜後，再接回家，有的則在福安宮安放直至中秋節結束。

※造價百萬的金爐點鈔機

福安宮的「金爐」是車城福安宮最大的特色，廟方斥資六百萬元，重金禮聘名寺廟設計師梁紹英所設計的，只要把金紙放在爐口，金紙便會自動飛入金爐內，成了一種另類的神蹟，吸引不少遊客慕名前來參觀。

而福安宮這座「招牌金爐」也被暱稱為「神明點鈔機」。但事實上，這金爐只是利用物理空氣力學的原理：只要金爐內的火焰夠大，形成強大氣旋，金紙便會一張張自動飛進金爐內。

※土地公保家衛民好威風

福安宮建築氣勢雄偉、金碧輝煌，與一般土地公廟相比較為特別，採用中國北方宮殿形式構造，為三進六層樓，廟宇內外的彩繪樑柱和龍柱讓神殿氣勢非凡，廟前兩座純石雕大型石獅，全台灣數一數二，極具藝術價值與歷史意義。

福安宮前身為焚燒字紙的「敬聖亭」，後來因當地瘟疫蔓延，先民水土不服，便將福德正神恭迎至此，建廟奉祀。

清朝時期，曾有大將來車城平亂，因感念土地公的幫助，上奏乾隆皇帝，乾隆皇於是下賜褒封，讓土地公穿戴王冠和龍袍，全身掛滿金牌，並改名「福安宮」，從此神威遠播，成為全台最靈驗也最威風的土地公，庇祐鄉里三百多年，也是恆春車城當地長久以來的信仰中心。

來到福安宮，常常都會看見停車場上名車林立，發現許多大企業、大公司老闆也是福安宮的忠實信徒，常常來到此地參拜；土地公管土也管財，因此也有不少房仲人員前來許願，希望土地公保佑盡早賣出好成績、發大財。

在哪裡拜

地 屏東縣車城鄉福安路 51 號

電 08-882-1345、08-882-3450

時 每天 8：00~17：00

交 大眾運輸 /

火車：

①搭乘台鐵火車（西部縱貫）至高雄火車站下，於火車站前轉搭客運（國光客運、高雄客運、屏東客運、中南客運），於車城站下車，依指標即可到達車城福安宮。

②搭乘台鐵火車（南迴鐵路）至枋寮站下，再轉搭客運（國光客運、高雄客運、屏東客運、中南客運），於車城站下車，依指標即可到達車城福安宮。

客運：

①於台北國光西站客運，搭乘前往屏東或高雄方向至車城，依指標即可到達車城福安宮。

②從高雄可搭國光、高雄、中南等客運班車至車城，依指標即可到達車城福安宮。

開車 /

①國道 1 號：由高雄終點接 17 號省道，過水底寮轉 1 號省道、26 號省道，依指標即可到達車城福安宮。

②國道 1 號：至五甲系統接 88 省道，至崁頂系統接 3 號國道往南行駛，於南州交流道下走 1 號省道過楓港接 26 號省道，依指標即可到達車城福安宮。

③國道 3 號：於九如交流道下，接 3、1、26 號省道南下於車城，依指標即可到達車城福安宮。

南部財神廟 7

主祀：溫府千歲

屏東東港東隆宮

這樣拜最神

東港東隆宮有獨特的責杖改運方式。若有運勢不佳的信眾，到廟中擲筊請示神明獲允後，由廟方振武堂（班頭團的堂號）老一輩的班頭人員於神前（溫王爺或中軍府前）責打該信眾。被大板打一下代表十下，共計十下（代表一百下）。於溫王爺神尊前擲茭，必須是擲到聖茭才算數，第一次擲到聖茭時，打十下。如果投擲次數太多才擲到聖茭，責打次數會往上攀升。

溫府千歲救駕有功

東港東隆宮主祀神為溫府千歲，本名溫鴻。相傳唐朝時，太宗皇帝李世民微服出遊遇險，溫鴻捨身救駕有功，皇帝賜他進士，當時，與溫鴻一同救駕的還有他義結金蘭兄弟共三十六人，一同被唐太宗賜封進士。之後，皇帝任命他出仕山西知府，到任後政通人和，清廉愛民，興學育才，地方大治，民稱父母。但時值鄰近地方賊寇作亂，勢甚猖獗，民不聊生，皇帝派溫鴻統領軍隊討伐，三十六進士亦領精兵一同進剿，溫鴻用兵如神，舉兵直搗賊穴，亂賊潰散，主帥下令招撫，數萬叛軍來歸，自此國泰民安。溫鴻班師回朝，受上詔賞，策封王爺，因此後世人祭祀時多稱「溫王爺」。正值此太平盛世時，三十六進士奉旨巡行天下，宣揚大唐德威。然而，一次乘船出巡不幸在海上遇險，其三十六義兄弟全部罹難無一倖免，據當時幸運生還的水手與侍從目睹，三十六進士喪生之時，有聞仙樂飄奏，海上即時呈現一片祥雲紫氣，世人咸認溫鴻之死乃解脫而成神，貞觀皇帝得聞此一訊息，痛失功臣之餘，復信其成神之說，乃追封「代天巡狩」，頒旨全國建廟奉祠春秋致祭，敕封永享人間香火，並下旨建巨船，名為「溫王船」，內奉溫王爺及其結義兄弟之神位，於清醮畢送入海中，王船上有御書「遊府吃府，遊縣吃縣」八字，敕告天下，凡溫王船所到之處，百姓府官一體奉迎，均應殺豬宰羊設祭，大事供祀，以慰溫王在天之靈。

自從溫王成神之後，經常在閩浙沿海地區顯靈，每當船隻在海上遇到驚濤風險時，若見檣懸「溫」字旗字之巨船出現，立即風平浪靜，履險如夷，自後王船所及之處，必造福地方，庇護百姓。福建的泉、漳二州，對於溫王爺在海上顯靈護航之事，皆耳熟能詳，人人稱頌。臺灣早期因地廣人稀，溫王爺未曾在台出現，直到明、清兩代，移民渡海來台者日眾，出海的漁民以溫王爺為其精神之所寄。約在康熙年間，東港地區設置巡檢署，福建泉、漳兩州人士定居東港時均奉祀溫王爺以保平安。而清聖祖康熙年間，居住於東港地區的移民也已經開始奉祀溫府千歲。清聖祖康熙四十五年，東港海岸上發現大批寫有「東港溫記」字樣的木材漂來，眾人相信神靈顯示，溫王欲在臺灣定居，東港居民認為王爺將造福地方，興隆有望，於是將神木興建溫王爺廟，取名「東隆宮」，意為「東港興隆」，也是臺灣溫王信仰肇基之始。光緒二十年，東港海嘯大水災，東隆宮被水淹沒，東港士紳林合發動村民，衝入搶救神像，搶救方畢同一時段，東隆宮廟身頓時完全坍毀，人皆視為神蹟，對溫府千歲的信仰更加堅定，又另擇有風水地理位置極佳的「浮水蓮花」地穴之地重建廟宇。因為神威顯赫，信徒日增，經過二次大戰日本投降、國民政府接收台灣以來的多次重建、整修，東隆宮以殿宇巍峨、前方金製轅門金碧輝煌等元素，威震東港。

國家文化資產——燒王船

「燒王船」盛行於台灣西南沿海，一直以來是台灣民間信仰的重頭戲，東港的王船祭「東港迎王」歷史悠久，是閩南人特有之祭拜王爺儀式與文化祭典，主要以祭拜溫府千歲為藍圖。二〇一一年，東港東隆宮的迎王平安祭典，被文建會列為國家無形文化資產，也是台灣極富盛名的宗教盛事與觀光慶典。三年舉辦一次的「東港迎王」全名為「東港迎王平安祭典」，有三百多年的歷史，是全台灣規模最大的王船祭。上一次迎王祭典於二〇一二年十月十四日至二十一日舉行，為期八天。下一次迎王祭典則在二〇一五年，值年中軍府安座則已於二〇一三年九月二十二日（農曆八月十八日）舉行，由溫府千歲帶領值年中軍府遶境七角頭。

相傳，玉皇大帝為懲罰惡民，特派瘟神下凡罰惡，但因瘟疫而死者卻不計其數，後因感念上天有好生之德，則特派王爺下凡，召回瘟神、除病救民，也因此造成往後王爺信仰與瘟神脫離不了關係，所以常常需將載有王爺神像的船放出海漂流或火化，送走王爺，為全鄉帶來祥和吉利。後來王爺信仰逐漸升格，人們把王爺視為保境安民的大神，則以透過燒王船等祭典祈福保安。

東港東隆宮迎王平安祭典，聞名台灣，會於祭典前第二年建造豪華又威嚴的王船，透過繁複的宗教儀式，最後在祭典最後的壓軸好戲：「送王」，將王船火化，希望五位千歲爺與中軍府回駕天庭繳旨時，能帶走鄉里中的不幸、邪氣、還有惡鬼。除此之外，在東港地區的迎王信仰又有另一層含義，迎接奉玉旨代天巡狩千歲爺也視為迎接同為東隆宮主神溫王爺的義結金蘭兄弟，這也就是俗稱的東港溪流域「三十六進士」迎王系統，在迎王期間東港鎮內處處可見家家戶戶辦桌請客，正所謂的「有朋自遠方來，不亦樂乎」。

現今東港迎王平安祭典從請王到送王為期八天，祭典活動從古演變至今已漸漸被歸納出十三項主要程序，程序如下：

(1)角頭職務的輪任、(2)造王船、(3)中軍府安座、(4)進表、(5)設置代天府、(6)請王、(7)過火、(8)出巡遶境、(9)祀王、(10)遷船、(11)和瘟押煞、(12)宴王、(13)送王。

除此之外尚有具傳說性的程序及慣例習俗，如：溫王安館、迎接田中央中隆宮與恆春鎮恆隆宮、請王後繞行至新街、升帥旗帥燈、嘉蓮宮迎請大千歲過夜、大總理依古禮敬王、中隆宮割香當科大王香火、王府內執事嚴格「舉案齊眉、跪進酒食」、溫王爺查夜、溫王爺看大戲、班頭作紙、放告、三十六省燈、七隻涼傘、七角頭拜王等等，不勝枚舉。

廟宇趣聞

東隆宮正殿右側，吊有一口於日本殖民時期打造、沿用至今的銅鐘。相傳二戰時期，日本軍窮兵黷武、侵略中國與亞東諸國戰事吃緊，國內與殖民地的資源日漸匱乏，乃向民眾徵收金屬器物以作戰略之用，此口銅鐘也無可倖免。後來在送進鋼鐵廠的熔爐時，所有的金屬器物都已融化為熔漿，赫然發現銅鐘完好無損、經多次溶解也損傷不得，鐵工廠人員便意識到此乃神蹟，故而秘密將銅鐘送回東隆宮。至今每逢一定時日，廟方人員循古禮鳴鼓擂鐘時，仍使用此口銅鐘進行。

東隆宮神蹟不斷，據說在民國八十三年，甲戌正科迎王祭典最後之送王儀式有照片顯示：有兩位分別穿著紅、綠色唐朝官袍之人，在燒王船時盡速登船，有人說穿紅袍為二千歲、穿綠袍則為四千歲，有人說兩位遲到、差點來不及登船，又另有人戲稱兩位跑去買東港名產：雙糕潤，因此差點遲到、來不及登船，但此消息至今，還是一個讓屏南地區所有民間信仰信徒難以稽考的謎。

在哪裡拜

地 屏東縣東港鎮東隆街 21-1 號
電 (08)832-2374、(08)832-2961
時 5:30~21:30

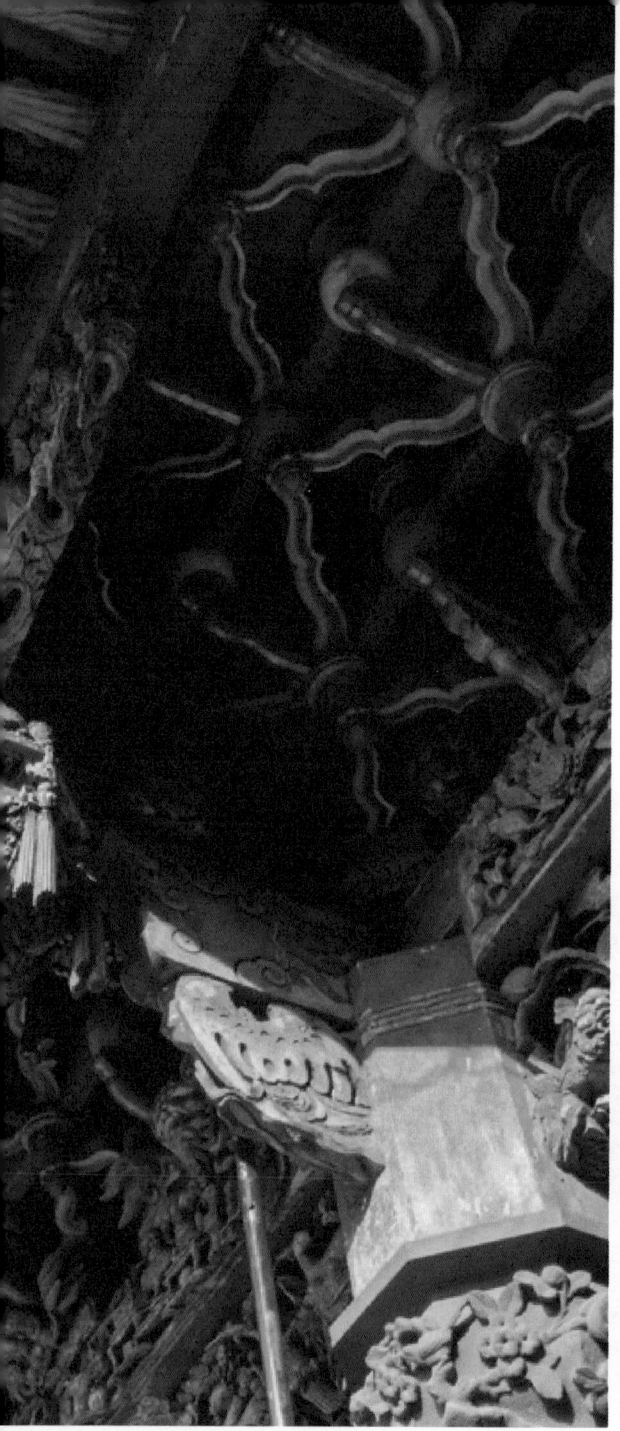

羊年生肖運勢，一次報你知！

生肖鼠：「慎防太歲　慶有貴人」

★幸運顏色：黑色、灰白色　★幸運數字：2、3、5、6

羊年遇屬鼠，因犯太歲，以及三大凶星來害，難免會出現不利的流言蜚語，但幸有「紫薇」等三星相助，還因羊年有貴人相助，因此羊年運勢相對來說是幸運一年。

不過屬鼠者要注意的是羊年會遇到比較大的衝突，特別是這些衝突常會加雜在盛運當頭的時候，但屬鼠者別為此感到不安，因為屬猴者與屬龍者在羊年會為你提供莫大的助益，可安撫衝突、化解危機。

可是屬鼠者仍要切記，雖俗語說「投鼠忌器」，但千萬不要在羊年時強出頭，且因為屬鼠者容易因直率而觸犯口忌，造成不必要的麻煩，因此謹記「老二哲學」，逆來順受，就可以擁有安穩豐收的一年。

生肖牛：「辛苦耕耘 揮汗豐收」

★幸運顏色：黃色 ★幸運數字：1、5

屬牛者，在羊年只要秉持認真踏實，一步一腳印，勤做基本功，因與屬鼠者一樣犯太歲，又有凶星來襲，因此除了運勢相對不佳，且事業、健康容易受到不良的影響外，屬牛者在羊年又會遭遇不少挑戰，且因犯太歲導致容易洩氣的關係，輕則灰心意冷、重則自暴自棄，造成身心靈疲憊，但只要發揮耿介認分的「牛脾氣」，就有可能挽回局勢。

不過屬牛者還是要注意不能太過衝動，因為凶星來襲，若不能凡事轉攻為守，避免不必要的爭端，可能會有破財的風險。切記做好化太歲及謹守不出頭、安土重遷，就會有平順一年。

生肖虎：「得令當鴻　逢凶大安」

★幸運顏色：淺綠色、橙色　★幸運數字：3、4、8、9

羊年屬虎者，今年可以比較放心地過這個年，因雖說有些小不幸凶星來亂，但基本上這些都是茶杯裡的風暴，無法阻撓屬虎得令的大確幸，屬虎者於羊年終於可以全力發揮自己的本事，見獵心喜，虎口一開，獵物手到擒來。

另外，羊年屬虎者因有吉星相助，在羊年將有許多貴人來幫助你，而且這些貴人特別是事業與財運上讓你有如虎添翼的收益，今年要好好的衝刺，把握十二年一次的正能量循環，一定有不錯的獵獲結果。

生肖兔：「吉星當空　趁勝追擊」

★幸運顏色：淺藍色、紫色、青色　★幸運數字：0、3、7、6

羊年屬兔者，在羊年的運勢會如屬虎者一樣相對順遂，甚至有超越老虎之勢，在事業與功名上大有斬獲，這都是因為屬羊者在羊年恰逢四吉星相報，處處化解凶星招來的劫難，還能增強屬羊者的運勢，因此屬兔者在羊年是揚眉吐氣的順風年，羊年將會是滿滿收穫的一年。

此外，羊年屬兔者除了有許多的貴人相助之外，在人緣上預料會遇到更多的斬獲，而這些好人緣、好桃花與貴人又多半表現在工作上，因此屬兔者在羊年可以放心地向前奔跑，把握任何發現的機會，即使不小心跌倒了，也是躺在綠草如茵的草原。不過由於有樹大招風的關係，因此難免會出現許多逞口舌之快的小人，如果抱著謠言止於智者的心胸面對，把流言蜚語當作耳邊風或成功禮炮，不用放在心上。

生肖龍：「謀定後動　呼風喚雲」

★幸運顏色：金黃色、灰棕色　★幸運數字：6、8

羊年屬龍者將是吉凶並存的一年。只要謀定後動，把握時機，一樣是呼風喚雲的弄潮兒。

所以在羊年的屬龍男性，必須要記得不用事事強出頭，如同姜太公釣魚，把握好機會，狠狠的連本帶利賺回來，比蜜蜂瞎忙採蜜來得有效益。女性屬龍者，在羊年的運勢將普遍好過男性的屬龍者，因此「小龍女」們，不妨在羊年多一些主動進取的行動，而由於羊年所遇到的挑戰多半與目標、敵人成正比，所以難免會需要旁人的相助，幸運的是屬龍者，今年有望會有許多貴人相助，幫助屬龍者完成任務與挑戰。但如果沒有貴人相助，屬龍者只要具有天時地利，就可以帶來人和，創造榮景，進行一個飛騰的動作！

生肖蛇：「滑溜靈動 事在人為」

★幸運顏色：咖啡色、粉紅色、白色　★幸運數字：1、2、8

羊年屬蛇者，將會遇到非常多的挑戰，但因為屬蛇者只要靈活從容應付各種變化，將會把災厄轉化成吉祥，需要用智慧跟聰明度過一整年。

不過屬蛇的人在羊年也別太灰心，因性格也如運勢一般，不同的性格也將為屬蛇者帶來不同的影響。如果屬蛇者選擇用強大的拚勁來面對挑戰，或許會有許多意想不到的收穫，但仍需注意在奮力一搏的時候，將自己的身心保留在最佳狀態，否則還是以退守自安為主。

另外，屬蛇者善因容易遇強則強、遇弱則弱，因此最好具備強健自己的身心，面對每一場挑戰，特別是羊年屬蛇者因健康將受影響，最好還是多運動以調養身體，面對近年來最大挑戰的一年。

生肖馬：「韜光馬蹄 得意春風」

★幸運顏色：紅色 ★幸運數字：4、9

羊年屬馬，因逢馬羊六合，加上又有吉星加持，羊年將會是屬馬者大發大利的一年，可說是羊年運勢最好的生肖之一，今年可望會有許多突破，特別是人際關係預料將會突飛猛進，且多有貴人相助。

但屬馬仍需注意，如果僅止於空想而少了實際行動，縱有再好的運勢也終將一事無成，因此屬馬者仍須腳踏實地行動，且最好是與其他人共同行動，形成萬馬群驫的格局，迎頭趕上這大利多的人生黃金時代。我達達的馬蹄是為了見證人生春風得意的一年。

生肖羊：「靈巧取勝 韜光養晦」

★幸運顏色：紅色 ★幸運數字：1、7

羊年屬羊者，逢本命年的值太歲，雖說值太歲屬犯太歲的一種，但並不如沖太歲，目標正前方，瞄準目標，直直向前，大環境形成一種推力，把你往前推進，不要遲疑，辛苦一些換來豐收。

且屬羊者的靈與巧也應在今年多加運用，除了可錦上添花，還能巧妙化解諸多挑戰。此外，屬羊者在羊年也應以家庭與朋友為重，因屬羊者可以帶旺朋友，成群結隊的跟志同道合的朋友一起努力或旅遊，都可以讓今年更洋洋得意。

生肖猴：「安步當車　先苦後甘」

★幸運顏色：銀色　★幸運數字：3、9

羊年屬猴者，今年將不適合單打獨鬥，所以一定要有朋友或搭檔來面對事業上的挑戰。

面對今年的風波變化，就用安步當車的心情，總能夠安然度過，雖然先苦後甘，最後都能嘗到甜美的滋味。但在職場上的屬猴者，今年要特別小心，別與其他人，特別是同事爭吵，以免在工作上遭遇阻力，特別是羊年屬猴者今年注定工作將有諸多阻力，若與同事有所嫌隙，工作上更難有進展。整體而言，以守為攻將是今年的生存之道。

生肖雞：「聞雞起舞 有求必應」

★幸運顏色：金色　★幸運數字：0、2

屬雞者在今年的運勢將是投桃報李，要怎麼收穫就怎麼栽的一年。

雖然羊年屬雞者今年工作運還算順遂，但由於人事會較不穩定，且外派難免，因此羊年將會是屬雞者注定繁忙的一年，但如果屬雞者能在外派的時候累積經驗和人脈，將有助於創造機會，對往後會有許多意想不到的收益。

此外，屬雞者如喜歡求新求變，那羊年的吉星將會替你有所加持，讓事業或生活有不一樣的享受，但如果是較為保守的屬雞者，吉星仍會為你帶來許多正向的轉變，但若能更勇於面對轉變或是自發地求新求變，那羊年將會是個容易化險為夷的一年。

生肖狗：「汪汪賀歲 節節高升」

★幸運顏色：紅色　★幸運數字：4、8

今年屬狗者是一個大鳴大放，也可平平淡淡的一年，端看自己的心境，富貴險中求，願意衝雖然會頭破血流，但成功也會手到擒來，多廣結善緣，充實自己以及結交貴人。

狗年出生的人進入二〇一五羊年，戌未相刑，為刑太歲，此乃犯太歲的一種，工作生活中難免會遇到一些阻滯，但在「太陰」貴人的帶動下，凶星的威力亦有所減弱，不過也不能置若罔顧。工作上計畫較多，雖然一切都在草議階段，能不能成事也是未知之數，但有一些新刺激總會為思想帶來一些衝擊，從而提高工作的樂趣。

今年由於工作繁忙，容易出現睡眠不足的情況，所以要在工作期間時保持適當的休息，不宜過於操勞，注意起居飲食、慎防病從口入。

生肖豬：「候機待發 扶搖直上」

★幸運顏色：黑色　★幸運數字：0、7

羊年屬豬者，今年整體運勢屬於待機跟重開機的時刻，要多多廣結善緣，透過貴人加持來讓機會飆漲。

所以羊年屬豬者，今年要記得用「忍」字所帶來的益處，「忍」一時得衣食，「忍」一年得利年，放下身段，扶搖直上，羊年屬豬者將不會遇到太多的阻擾，特別是以退為進，更有惦惦吃三碗公的實力。

總的來說，屬豬者今年運勢需要機會，記住「知足常樂」是豬的樂天哲學，也是最需謹記的一條準則。如能把握機會，將會一飛衝天成為紅豬，鴻不可擋。

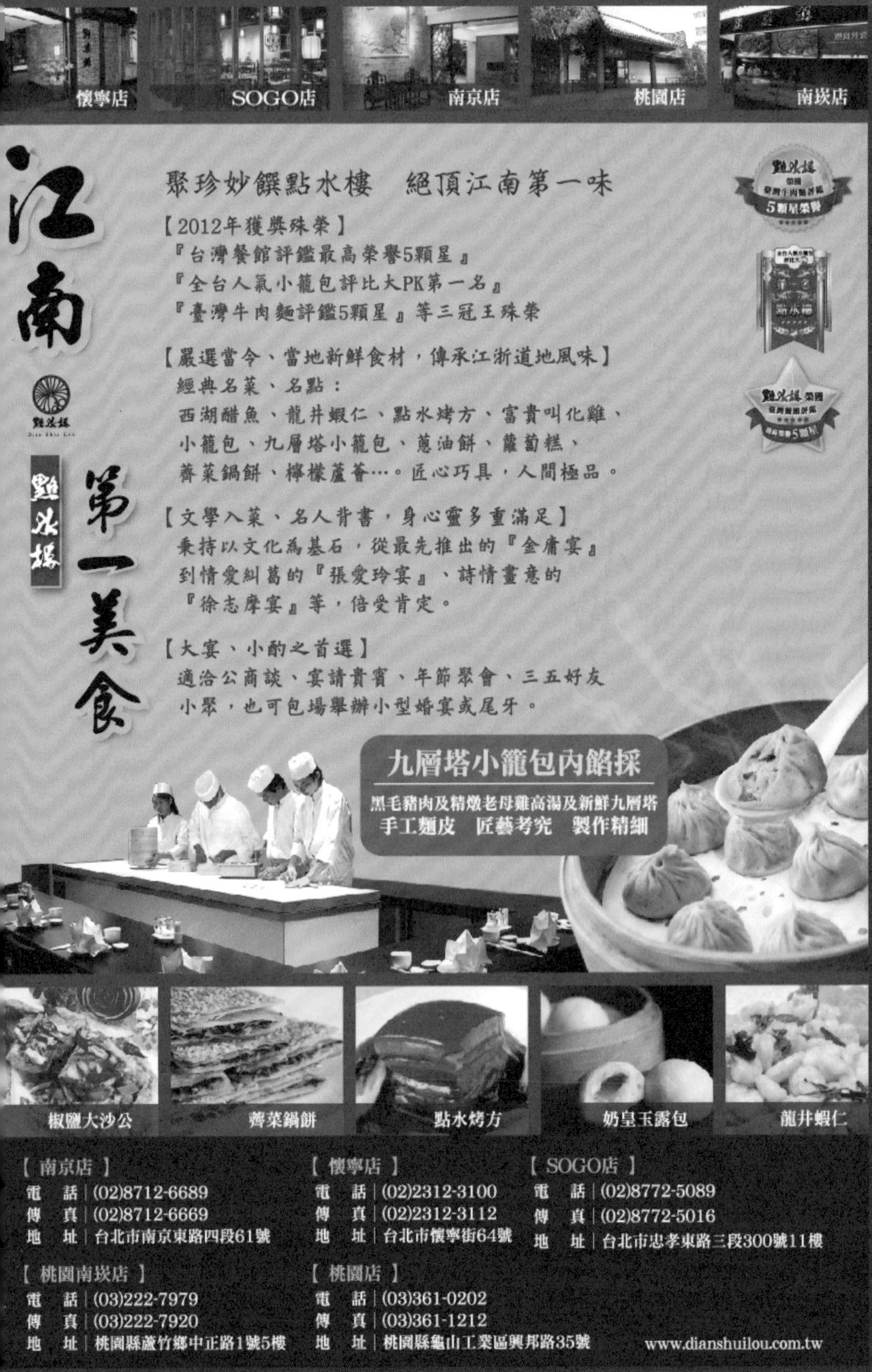
懷寧店
SOGO店
南京店
桃園店
南崁店
江南
點水樓
第一美食
聚珍妙饌點水樓　絕頂江南第一味
【2012年獲獎殊榮】
『台灣餐館評鑑最高榮譽5顆星』
『全台人氣小籠包評比大PK第一名』
『臺灣牛肉麵評鑑5顆星』等三冠王殊榮
【嚴選當令、當地新鮮食材，傳承江浙道地風味】
經典名菜、名點：
西湖醋魚、龍井蝦仁、點水烤方、富貴叫化雞、
小籠包、九層塔小籠包、蔥油餅、蘿蔔糕、
薺菜鍋餅、檸檬蘆薈…。匠心巧具，人間極品。
【文學入菜、名人背書，身心靈多重滿足】
秉持以文化為基石，從最先推出的『金庸宴』
到情愛糾葛的『張愛玲宴』、詩情畫意的
『徐志摩宴』等，倍受肯定。
【大宴、小酌之首選】
適洽公商談、宴請貴賓、年節聚會、三五好友
小聚，也可包場舉辦小型婚宴或尾牙。
九層塔小籠包內餡採
黑毛豬肉及精燉老母雞高湯及新鮮九層塔
手工麵皮　匠藝考究　製作精細
椒鹽大沙公
薺菜鍋餅
點水烤方
奶皇玉露包
龍井蝦仁
【南京店】
電　話｜(02)8712-6689
傳　真｜(02)8712-6669
地　址｜台北市南京東路四段61號
【懷寧店】
電　話｜(02)2312-3100
傳　真｜(02)2312-3112
地　址｜台北市懷寧街64號
【SOGO店】
電　話｜(02)8772-5089
傳　真｜(02)8772-5016
地　址｜台北市忠孝東路三段300號11樓
【桃園南崁店】
電　話｜(03)222-7979
傳　真｜(03)222-7920
地　址｜桃園縣蘆竹鄉中正路1號5樓
【桃園店】
電　話｜(03)361-0202
傳　真｜(03)361-1212
地　址｜桃園縣龜山工業區興邦路35號
www.dianshuilou.com.tw

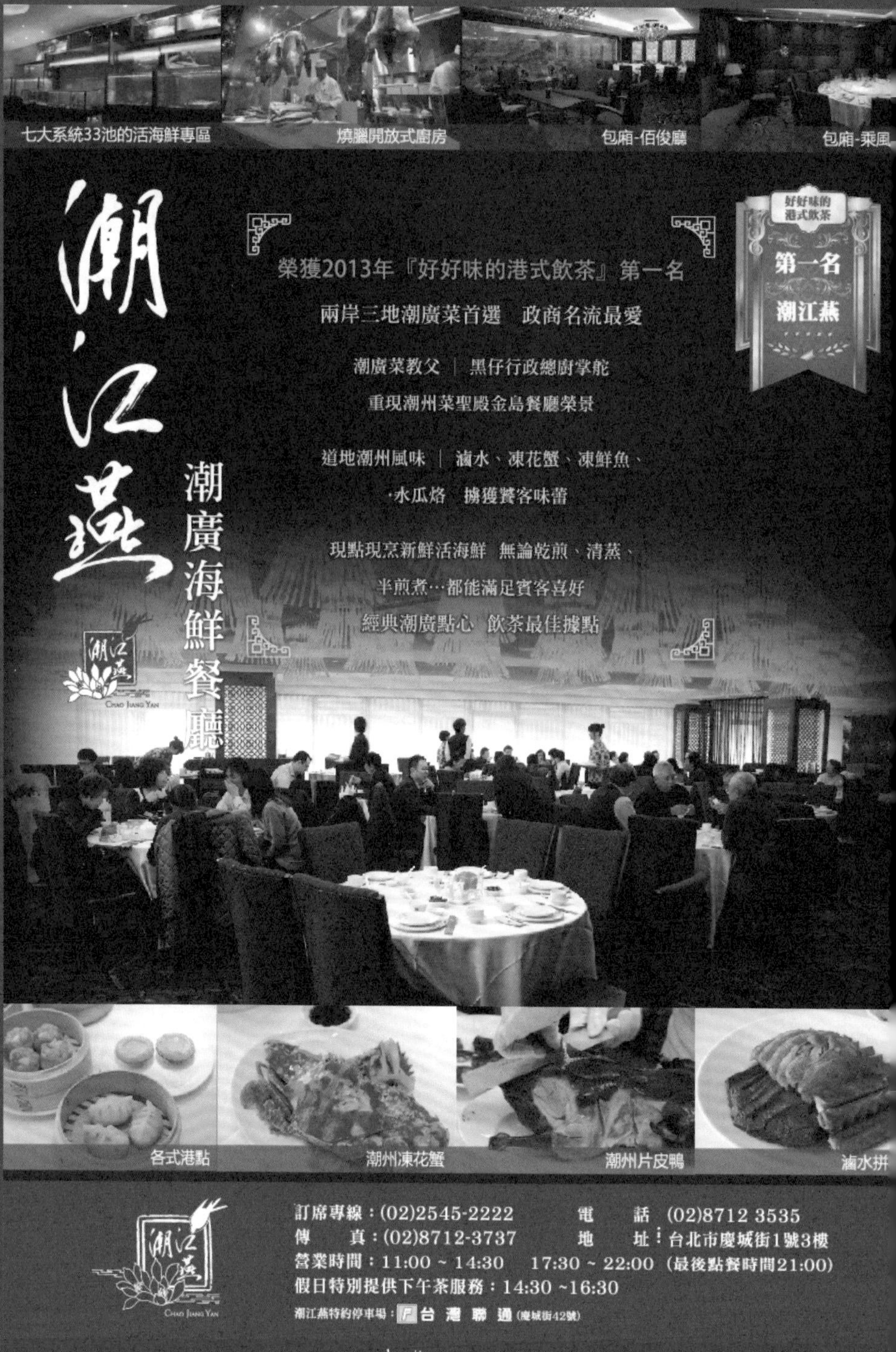
七大系統33池的活海鮮專區
燒臘開放式廚房
包廂-佰俊廳
包廂-乘風
潮江燕
潮廣海鮮餐廳
好好味的港式飲茶
第一名
潮江燕
榮獲2013年『好好味的港式飲茶』第一名
兩岸三地潮廣菜首選　政商名流最愛
潮廣菜教父 | 黑仔行政總廚掌舵
重現潮州菜聖殿金島餐廳榮景
道地潮州風味 | 滷水、凍花蟹、凍鮮魚、
水瓜烙　擄獲饕客味蕾
現點現烹新鮮活海鮮　無論乾煎、清蒸、
半煎煮…都能滿足賓客喜好
經典潮廣點心　飲茶最佳據點
Chao Jiang Yan
各式港點
潮州凍花蟹
潮州片皮鴨
滷水拼
訂席專線：(02)2545-2222
電　　話：(02)8712 3535
傳　　真：(02)8712-3737
地　　址：台北市慶城街1號3樓
營業時間：11:00 ~ 14:30　17:30 ~ 22:00（最後點餐時間21:00）
假日特別提供下午茶服務：14:30 ~16:30
潮江燕特約停車場：台灣聯通（慶城街42號）
www.chaojiangyan.com.tw

萬盞油燈紀念大師
西藏燃燈節空氣中滿是酥油香

藏族人十二月是他們重要的紀念月份，進入十二月時，信奉格魯派的藏人緊鑼密鼓地為「燃燈節」做好準備。

燃燈節，這項活動是要紀念藏傳佛教的格魯教派創始人「宗喀巴」圓寂的日子，當「藏曆」走到十月二十五日，也就是西曆十二月份，藏人們齊聚大昭寺，一同點燃酥油燈、轉動法輪，誦經緬懷宗喀巴大師，也同時為良善的人們祈福。

祈福的法輪，在酥油燈的火光的襯托下，帶出了莊嚴的氣氛，代表信眾們心願的酥油燈火，點亮夜空襯出布達拉宮的莊嚴之美。活動開始，僧侶會吹響法號、法螺，帶領大家一同誦經。

空氣中滿佈酥油的特殊香味。各種芳香植物會被丟進金爐中燃燒，信徒們排隊燒去手中的植物，紀念大師。

緬懷創始人的同時，信徒們也要為來年祈福！

更多精彩圖輯，請上地球圖輯隊網站瀏覽

小補充：
藏傳佛教可分為5派；噶當派、薩迦派(花教)、噶舉派(白教)、還有創建「達賴」、「班禪」的格魯派(黃教)，及在電影裏面常見、總戴著大紅僧帽的寧瑪派(紅教)。

yam
我們
缺乏一個
窗口
World.Yam.Com
地球圖輯隊
國際圖庫正版授權 世界大事圖文誌

國家圖書館出版品預行編目資料

羊羊得意財神到： 全臺好神行腳誌 / 張天傑作 .
-- 第一版 . -- 臺北市 ： 博思智庫 , 民 103.12
160 面 ; 14.5x21 公分

ISBN 978-986-91314-0-7 (平裝)
1. 寺廟 2. 財神 3. 民間信仰 4. 臺灣
272.29 103023669

博思智庫股份有限公司

博思智庫粉絲團 Facebook.com/broadthinktank

美好生活 17
羊羊得意財神到： 全臺好神行腳誌

作　者	張天傑
文字協力	Dee
攝影協力	陳輝明、仲子、陳國峰、劉耀銘、施泰何、卡洛米、曹雅婷、蔡玉惠 張維恩、陳姿呈、王建民、黃漢偉、Penny Hsieh、張天傑、李芳 謝介宗、王翔昱、老天爺的玩笑 - 鄭阿吉、王建逢、劉世文、陳俊郎 王麗嵐、王殊懸、史詠毓
執行編輯	吳翔逸
美術設計	林采瑤
行銷策劃	李依芳
發 行 人	黃輝煌
社　長	蕭艷秋
財務顧問	蕭聰傑
出 版 者	博思智庫股份有限公司
地　址	104 台北市中山區松江路 206 號 14 樓之 4
電　話	(02) 25623277
傳　真	(02) 25632892
總 代 理	聯合發行股份有限公司
電　話	(02)29178022
傳　真	(02)29156275
印　製	永光彩色印刷股份有限公司

第一版第一刷 中華民國 103 年 12 月

定價 280 元 ISBN 978-986-91314-0-7